CB027217

A COZINHA DO PENSAMENTO

UM CONVITE PARA COMPARTILHAR
UMA BOA MESA COM FILÓSOFOS

Dados Internacionais de Catalogação na Publicação (CIP)
(Câmara Brasileira do Livro, SP, Brasil)

Muñoz Redón, Josep
   A cozinha do pensamento : um convite para
compartilhar uma boa mesa com filósofos / Josep Muñoz
Redón ; tradução de Sandra Trabucco Valenzuela. – São
Paulo : Editora Senac São Paulo, 2008.

   Título original: La cocina del pensamiento : una
invitación a compartir fogones y mesa con filósofos.
   Bibliografia.
   ISBN 978-85-7359-679-3

   1. Culinária 2. Cultura 3. Filosofia 4. Gastronomia
I. Título.

08-00796   CDD-641.501

Índice para catálogo sistemático:

1. Cultura gastronômica e filosofia : Culinária   641.501

Josep Muñoz Redón

A COZINHA DO PENSAMENTO

UM CONVITE PARA COMPARTILHAR
UMA BOA MESA COM FILÓSOFOS

TRADUÇÃO
Sandra Trabucco Valenzuela

ADMINISTRAÇÃO REGIONAL DO SENAC NO ESTADO DE SÃO PAULO
Presidente do Conselho Regional: Abram Szajman
Diretor do Departamento Regional: Luiz Francisco de A. Salgado
Superintendente Universitário e de Desenvolvimento: Luiz Carlos Dourado

EDITORA SENAC SÃO PAULO

Conselho Editorial: Luiz Francisco de A. Salgado
Luiz Carlos Dourado
Darcio Sayad Maia
Lucila Mara Sbrana Sciotti
Marcus Vinicius Barili Alves

Editor: Marcus Vinicius Barili Alves (vinicius@sp.senac.br)

Coordenação de Prospecção e Produção Editorial: Isabel M. M. Alexandre (ialexand@sp.senac.br)
Supervisão de Produção Editorial: Izilda de Oliveira Pereira (ipereira@sp.senac.br)

Edição de Texto: Pedro Barros
Preparação de Texto: Fernanda Batista dos Santos
Revisão de Texto: Jussara Rodrigues Gomes, Maria de Fátima A. M. Papa, Roberto Papa
Projeto Gráfico, Capa e Editoração Eletrônica: Antonio Carlos De Angelis
Ilustração de Capa: Giuseppe Arcimboldo, *Verão*, 1573, óleo sobre tela, Museu do Louvre, Paris
Impressão e Acabamento: Prol Editora Gráfica

Gerência Comercial: Marcus Vinicius Barili Alves (vinicius@sp.senac.br)
Supervisão de Vendas: Rubens Gonçalves Folha (rfolha@sp.senac.br)
Coordenação Administrativa: Carlos Alberto Alves (calves@sp.senac.br)

Título original: *La cocina del pensamiento: una invitación a compartir fogones y mesa con filósofos*
© 2007 por RBA Livros, S. A.

Sumário

Nota da edição brasileira

Logo de início, Josep Muñoz Redón destaca três maneiras de comer, que se confundem com os modos de viver ou de procurar um bem-estar: comer de tudo, selecionar os alimentos ou criar e desafiar o paladar, degustando-se coisas novas, nunca antes saboreadas. Por mais que se tenha uma alimentação determinada pela biologia ou pela cultura, há indivíduos que escapam desses desideratos e atendem às suas próprias preferências, rejeitando a realidade.

Para o professor espanhol, a invenção é a utopia do pensamento que expressa o cultivo da filosofia, e a filosofia, o engenho de cozinhar idéias para se obterem perguntas. Partindo dessas definições, procura esquadrinhar o intelecto de um bem-alimentado grupo de filósofos, imaginando seus hábitos à mesa ou em triclínios, e seu desejo por inovar no paladar, assim como em seus pensamentos. Unindo receitas e pratos sofisticados a textos e pensamentos inovadores, chega à cozinha do pensamento.

O Senac São Paulo com esta obra pretende, acima de tudo, divertir seus leitores, que se espalham entre amantes e estudiosos da gastronomia, assim como os da filosofia, mas principalmente difundir a idéia de alimento como uma das principais ferramentas que fortalecem o pensamento.

A gastronomia da filosofia

Carlos Alberto Dória[1]

"O entendimento não digere bem as idéias cruas, pois a metafísica está na cozinha. A única coisa que temos de fazer é ir buscá-la ali. Também é uma boa precaução para que a filosofia não seja o prelúdio da fuga do pensamento [...]. O pensamento é ou um aprendizado ou uma farsa", escreve o autor de *A cozinha do pensamento*, o catalão Josep Muñoz Redón – prêmio Sent Soví 2004 de literatura gastronômica.

Trata-se de um curioso exemplar da literatura dedicada à popularização da filosofia através da associação com a gastronomia. Uma associação na qual provavelmente a gastronomia se beneficiará mais do que a filosofia, visto que no *boom* atual da gastronomia há a preocupação freqüente de ancorá-la num domínio mais estruturado do pensamento, subtraindo-a do terreno da vacuidade.

Afinal, para que serve a gastronomia? Há quem a considere uma "estética sem linguagem",[2] ou uma estética que não o é realmente, de tal

---

[1] Carlos Alberto Dória é doutor em sociologia pela Unicamp, autor de vários livros, entre os quais, *Bordado da fama* (1998) e *Estrelas no céu da boca* (2006), ambos publicados pela Editora Senac São Paulo.

[2] Ver a análise dessa questão em Gianfranco Morrone, "A narrativa do gosto: releitura de Brillat-Savarin", em Eric Landowski e José Luiz Fiorin (orgs.), *O gosto da gente, o gosto das coisas: abordagem semiótica* (São Paulo: Educ, 1997).

sorte que, hoje, ganham especial destaque as tentativas de aproximá-la do campo definido como "arte" – das mais variadas artes, aliás – e, agora, da filosofia. São formas de "marinar" para acrescentar sabor cultural marcante e legitimador.

Há muitos livros de receita que gravitam em torno da obra de autores célebres da literatura clássica internacional, mas são frutos de leituras oportunistas. Já outros estudos, como *Um festim em palavras*, de Jean-François Revel, aparecido nos anos 1980, relacionaram livros de cozinha e receitas com a sensibilidade gastronômica de cada época, mostrando uma afinidade nem sempre óbvia. É por essa segunda linha que vai Josep Muñoz Redón, agora buscando a correspondência entre o pensamento de filósofos e uma determinada culinária, sugerindo o autor pratos que eles comiam ou que seria plausível comerem, assim como questões para reflexão "à sobremesa" (enigmas), coerentes com seus sistemas de pensamento.

Ora, o vegetarianismo de Pitágoras está em conexão com a sua doutrina da metempsicose, visto que as almas, ligadas acidentalmente ao corpo, escolhiam os corpos nos quais se introduzir, fosse humano, animal ou vegetal. Esse raciocínio favorece o gosto pelo mel, alimento energético que beneficia o estudo da matemática. A receita pitagórica é, então, com mel e frutos secos. E Rousseau, o que nos sugere? Ele reputa a carne como portadora de um sabor "não natural para o homem", uma espécie de marcador cultural da passagem da natureza para a cultura, do frugivorismo para o carnivorismo, numa leitura que, bem depois, Claude Lévi-Strauss retomaria, reafirmando a inquietação filosófica que o ato de matar para se alimentar coloca para o homem.[3] Alternativamente, dirá Rousseau, "os produtos lácteos e o açúcar são os sabores naturais do sexo e como o símbolo da inocência e da doçura".

---

[3] Claude Lévi-Strauss, "A lição das vacas loucas", em *Novos Estudos Cebrap*, nº 70, São Paulo, novembro de 2004. Ver também a nossa análise desse texto, "Vegetarianismo e carnivorismo numa perspectiva antropológica", em *Margem*, nº 21, Faculdade de Ciências Sociais da Pontifícia Universidade Católica de São Paulo, São Paulo, junho de 2005.

Nessa linha de busca das variâncias discursivas sobre o comer, Redón nos indica, metaforicamente, que a gastronomia é a arte de condimentar os alimentos para produzir felicidade, ao passo que a filosofia é a arte de cozinhar idéias para obter perguntas. Esta metáfora é fundamental para a construção da narrativa de *A cozinha do pensamento*, visto que há, hoje, uma confusão grande entre o comer e o discurso sobre o comer, de tal sorte que, à primeira vista, a relação entre filosofia e gastronomia nos parece totalmente arbitrária. Mas se buscarmos a distinção entre a atividade prática (a culinária) e a reflexiva (a gastronomia) ficaremos mais propensos a admitir pontos de contato desta com a filosofia, já que em qualquer época a totalidade dos discursos se interpenetra. E, então, nos perguntamos: qual o estatuto do discurso sobre o comer?

A pergunta não encontrará uma única resposta. A *Fisiologia do gosto* (1824), de Brillat-Savarin, é a obra que explicitou a moderna relação ocidental entre o falar e o comer, mostrando o discurso gastronômico como uma necessidade tipicamente burguesa contra o tédio: "A mesa é o único lugar onde não nos entediamos durante a primeira hora", diz o personagem de Savarin. É também dessa época a análise racional da predisposição afetiva e intelectual para julgar a beleza. Kant, na sua *Crítica da faculdade do juízo* (1790), mostrou como é necessário introduzir a razão para distinguir entre o *agradável* ("o que apraz aos sentidos na sensação") e o *bom* ("o que apraz mediante a razão"), exemplificando como essas duas categorias aparecem quando realçamos o gosto de um prato mediante temperos que, sem hesitar, reconhecemos como agradável, mas, de modo mediato e refletido, podemos constatar que não é bom (para a saúde, por exemplo).[4]

Ora, Redón mostra-nos de modo feliz como Kant percebia a afinidade moderna entre o banquete e um "fim moral para além do puro prazer físico" na medida em que propicia a condição para que um grupo de pessoas possa "conversar mutuamente durante um longo tempo". Por sua

---

[4] Emanuel Kant, *Crítica da faculdade do juízo* (São Paulo: Forense Universitária, 2005), pp. 50-53.

vez, a história é capaz de retraçar as condições de vida do filósofo e mostrar que os prazeres de Kant eram compostos pelo comer, pelo vinho, pelo cachimbo e pelo bilhar. No fim da vida, quando passou a sofrer do estômago, restringiu a ingestão de alimentos: almoçava ao meio-dia e, no jantar, só bebia água. Passou a se sentir melhor e escreveu a um amigo: "Minha dieta kantiana é, se continuarem seus benefícios, o presente de uma nova vida". Entende-se, assim, como as categorias do "agradável" e do "bom" articulavam-se, na prática, em sua vida alimentar.

Outros filósofos analisados por Redón – da Grécia Antiga aos tempos contemporâneos – através de suas filosofias e dos seus pratos, reais ou possíveis, geram a estranha sensação de que, afinal, é possível a aproximação da gastronomia com a filosofia, mas que nem sempre é clara, nessa história, a fissura entre o "agradável" e o "bom" – de resto já enunciada para a cultura cristã no pecado da gula. Ora, para quem aprecia a filosofia remanescem a questão da universalidade dessa relação e a questão da distinção entre o prazer físico e o convivial.

Maurice Merleau-Ponty, num célebre texto onde contesta a pretensão universal da filosofia de Hegel, lembra que ela esbarra no Oriente, especialmente na China, cuja filosofia, para ser compreendida, precisa ser vivenciada, não podendo ser reduzida a uma experiência intelectual.[5] Teria a gastronomia, para os chineses, o mesmo sentido que tem para o Ocidente, estabelecendo uma ponte filosófica entre aquilo que Hegel não logrou integrar?

A sistematização da arte culinária chinesa deita suas raízes na dinastia Ming (1368-1644), imbricada com os ensinamentos do taoísmo, do budismo e da medicina. Sua "doutrina" foi traçada na dinastia Qing, pelo poeta e ensaísta Yuan Mei (1716-1797), considerado o "Savarin chinês". Pela sua interpretação, o prazer gastronômico não está ligado às matérias-primas, mas ao talento do cozinheiro, e este só se revela quando trans-

---

[5] Maurice Merleau-Ponty, "Em toda parte e nenhuma", em *Sinais* (Lisboa: Minotauro, 1962), pp. 203 e 206.

cende as qualidades daquelas. Por outro lado, para os chineses, o gosto e as preferências alimentares da idade adulta são fruto da educação sensorial que começa na infância. Segundo Yuan Mei, essa educação é mais elevada quando à criança é dado conhecer cada ingrediente em separado, com suas características destacadas, ao contrário do que se passa com a gente vulgar que coloca o frango, o porco e o ganso a cozerem juntos para fazer uma sopa. Essa *melange* que tanto agrada aos franceses no seu *pot-au-feu*, parece a Yuan Mei o testemunho da morte inútil que o cozinheiro impôs aos animais (e por isso é condenável), pois não os deixou revelarem por si, isoladamente, cada um o seu caráter, como é exemplo de naturalidade a cereja da primavera, cujo sabor não se confunde com o de qualquer outra cereja.

Uma gravura chinesa do século XVI mostra a correspondência entre os órgãos humanos e os cinco elementos (madeira, terra, fogo, metal e água), os cinco sabores (vinagre, vinho, mel, gengibre e sal), os cinco cereais (trigo, arroz, milho, féculas e aveia) e as cinco direções (centro, norte, sul, leste e oeste), de tal sorte que nunca podemos ver o organismo como algo autônomo, desvinculado do cosmos ou da cultura; ao contrário, o microcosmo individual é uma reprodução exata do macrocosmo e, inclusive, a hierarquia social expressa-se no que se come e na quantidade que se come.[6] Nem mesmo o discurso sobre o comer faz sentido sozinho: Yuan Mei observa que a expressão "comer pelas orelhas" equivale a falar e privar os hóspedes dos sabores das coisas, ou seja, uma má hospitalidade; complementarmente, "o gosto delicado não pode ser expresso em palavras". A opulência, as cores e os sabores devem impressionar o conviva, e, assim, a gastronomia é imediatamente um prazer estético, percebido na natureza dos pratos que falam por si e que, ao serem consumidos, reafirmam a estrutura social.

---

[6] William Chan Tat Chuen, *A la table de l'empereur de Chine* (Paris: Philippe Picquier, 2007), pp. 80-82.

Também os ingredientes, marcados por sua origem, expressam as "cozinhas regionais", presentes no bojo da cozinha imperial que as sintetiza, isto é, a mesa imperial é imediatamente a expressão da unidade política do Império. Num outro plano, distingue-se o "comer por prazer" e o "comer para viver": o cereal atende à necessidade, ao passo que os pratos que regalam expressam o triunfo da *gourmandise* sobre a fisiologia. Assim, desde a educação do jovem ao consumo alimentar diferenciado, a cultura organiza-se de modo a consagrar o cozinhar com o mesmo *status* da pintura, da poesia, da música e da caligrafia. Tudo isso nos sugere que o alimento dispensa o discurso que o substitua e, por isso, nem é de bom tom elogiar o cozinheiro, sendo que os comensais devem se limitar a manifestar a alegria de estarem juntos.

Ao contrário deste sem-lugar que a China reserva para o discurso puramente gastronômico, o percurso pelo qual Josep Muñoz Redón nos conduz mostra a pluralidade de abordagens da alimentação segundo diferentes enfoques e como algo que se dispõe como objeto do pensamento ganha significação histórica singular a cada passo da filosofia ocidental.

> Os procedimentos são o sal da filosofia, porque determinam completamente, apenas sem perceber-se, o resultado do exercício do pensamento. As habilidades de pensamento permitem macerar as idéias, variando suas propriedades fundamentais: extensão, profundidade, sentido, agressividade, conteúdo.

Em outras palavras, Redón nos indica a necessidade de um comer reflexivo como procedimento gastronômico onde o *agradável* e o *bom* de Kant não coincidem jamais, como na cultura chinesa.

Por trás do tédio burguês que a gastronomia busca exorcizar escondem-se as ciladas de uma cultura que jamais conseguiu inscrever o estético no plano das necessidades fisiológicas. É quando o exercício reflexivo pode se mostrar como um expediente integrador, situando-se, e à gastronomia, além de um entretenimento de salão. *A cozinha do pensamento* é um desafio à superação da alienação que a gastronomia ocidental traz como marca de nascença.

Nota da edição espanhola

O Prêmio Sent Soví de literatura gastronômica tem por objetivo fomentar a criação e divulgação de obras literárias em que a cultura gastronômica seja fator substancial, a fim de que surjam novos autores do porte de Álvaro Cunqueiro, Julio Camba, Néstor Luján e Josep Pla, entre outros, que entenderam esse gênero como autenticamente literário.

O prêmio conta com o financiamento do Grupo Freixenet e o patrocínio da Universidade de Barcelona, unidos mediante convênio bipartite com a RBA Livros S. A. O livro de Sent Soví, de receitas catalãs do início do século XIV, é considerado um dos primeiros sobre cozinha européia, sendo que seu manuscrito conserva-se na Universidade de Barcelona. De forma simbólica, o Prêmio Sent Soví propõe-se a reivindicar a tradição histórica e contribuir para impulsionar ao futuro uma herança secular.

Josep Muñoz Redón, autor desta obra, é o vencedor do Prêmio Sent Soví, 2004.

Para Miguel

Comer, pensar, amar...

A gastronomia é a arte de condimentar os alimentos para produzir felicidade. Há três maneiras de comer, assim como há três modos de viver ou de procurar este bem-estar primário que todos desejamos. Comer de tudo até saciar-se é o proceder básico que define muitas espécies animais, começando pela nossa. Um segundo modo de comer aposta em selecionar os alimentos e transformá-los num refinamento que, ao mesmo tempo, tem valor nutritivo e representa uma autêntica carícia para os sentidos. No entanto, em terceiro lugar, encontramos uma prática mais arriscada, reservada a verdadeiros aventureiros: a intrepidez de degustar coisas novas, nunca antes saboreadas pelo paladar humano.

Da ótica científica, os seres humanos são onívoros. Como outros animais, ingerimos, segundo a expressão de Marvin Harris, "secreções rançosas de glândulas mamárias, fungos ou rochas (ou, se preferirem os eufemismos, queijo, champignon e sal)".[1] E não fazemos de forma moderada: agarramos tudo o que encontramos pela frente e devoramos com avidez. Basta entrar num estabelecimento de *fast-food* para comprovar a veracidade dessa afirmação. Não podemos nos esquivar de nossa herança genética. Gerações de carniçais, desde aquele macaco louco que decidiu descer de uma árvore para buscar comida, precederam-nos neste mesmo caminho.

---

[1]   Marvin Harris, *Bueno para comer* (Madri: Alianza, 1989).

Habitualmente, a alimentação depende de dois processos de combustão, um externo e outro interno. Se entendermos este segundo como um desenvolvimento elementar de incineração dos comestíveis, que produz a energia necessária para viver, não é menos correto que podemos conceber um primeiro tipo de indivíduos como fornalheiros que não possuem demasiada polidez na hora de alimentar um caldeirão em sua capacidade máxima. Porém, por sorte, nem sempre é assim.

Por mais que a biologia ou a cultura determinem a alimentação, sempre há indivíduos que escapam destes desideratos e atendem a suas próprias preferências. Sabem perfeitamente, por exemplo, que, do ponto de vista da nutrição, carne, peixe, aves ou leite (dos quais entre 14% e 40% de seu peso é de proteínas) são muito superiores às frutas ou hortaliças (que raramente alcançam mais de 3% de valor protéico), mas, apesar disso, são preferidas. O mesmo tipo de sujeito pode temperar seus pratos com soja nos países nórdicos, manteiga no sudeste asiático, azeite de oliva na Índia ou especiarias no Mediterrâneo. Primos carnais dos macacos que começaram a lavar com água os tubérculos que consumiam, porque os achavam assim mais saborosos, ou que decidiram tomar banhos de água quente, porque gostavam mais, não param de nos surpreender.

Finalmente, há um terceiro tipo de sujeito, que supera os dois anteriores em determinação, coragem e criatividade. É do mesmo tipo que os primeiros que se atreveram a colocar verduras na grelha ou a comer carne crua quando ninguém mais o fazia, apenas para citar dois exemplos. Os epígonos destes magos da gastronomia deleitam-nos com lagostas expressas, guisado com café, café de abacaxi ou de presunto, ares de cenoura, caviar de melão, espaguete de manga ou uma algodoada múmia de salmonete e cuscuz velado de rosa e robalo, temperados com algodão doce desses de máquinas em parques. Qualquer forma de criação significa uma rejeição à realidade. A invenção é a utopia do pensamento que expressa o cultivo da filosofia.

Para pensar, é preciso comer, como lembra Descartes. Porque, senão, é bem provável que só nos dediquemos a discorrer sobre como fartar o estômago. A filosofia é o engenho de cozinhar idéias para se obter perguntas. Há três maneiras de pensar, como há três modos de comer ou de jogar bocha. Conforme a primeira, existe apenas um modo de discorrer corretamente. A verdade é algo objetivo que se conhece, e cabe a possibilidade de compartilhá-la com nossos semelhantes. Um segundo modo de arrazoar aposta nas matizações e transforma os argumentos em algo refinado, o qual, ao mesmo tempo que tem valor epistemológico, representa um autêntico gozo para o entendimento. E, em terceiro lugar, encontramos uma prática mais arriscada, reservada a verdadeiros aventureiros: a intrepidez de imaginar coisas novas nunca antes propostas pelo espírito humano.

De uma ótica psicológica, nós, seres humanos, somos obstinados. Como outros animais, precisamos de um número suficiente de certezas para poder viver. Tendemos ao dogmatismo. Nossos esquemas mentais são rígidos. Basta ouvir um padre, um político ou um cientista para provar a veracidade dessa afirmação. Não podemos fugir de nossa filiação doutrinal. Gerações de cabeçudos, desde aquele macaco louco que decidiu descer de uma árvore para combater o tédio, precedem-nos neste mesmo percurso.

Habitualmente, na filosofia, podemos diferenciar dois âmbitos de pensamento, um formal e outro material. Quando razoamos, embora geralmente nos esqueçamos disso, o "como" é tão importante quanto o "que". A personalidade filosófica mais importante do mundo clássico, Sócrates, não se vangloriava do muito que sabia. Ao contrário, orgulhava-se de reconhecer sua ignorância. E o que, na verdade, melhor fazia era mostrar a fraqueza das pretensões de conhecimentos dos outros mediante um sistema que ele inventara, mesclando perguntas capciosas com insinuações irônicas. "De mim, não aprenderás filosofia, mas sim a filosofar", afirmava Kant, diante de seus alunos, "não captarás pensamentos meramente por repetição, e sim pensarás". E isso consiste basicamente em ser concreto, detectar as ambigüidades, analisar, sintetizar, construir argumentos confiáveis, perceber as alternativas possíveis, e esse tipo de coisas.

O segundo grupo de pensadores afirma a existência de certezas, mas, por sua vez, adverte quanto às dificuldades que temos para ficarmos ao lado delas. A filosofia expressa, para eles, a liberdade de decidir, ou seja, de razoar, discutir, escolher, criar problemas e propor soluções. Como indivíduos, apesar de todas as nossas diferenças, parecemo-nos em coisas fundamentais: falamos, comemos, amamos, nos comunicamos, podemos dialogar, argumentamos. Os argumentos são tentativas de apoiar certas opiniões com razões. O argumento é essencial porque é uma maneira de tentar informar acerca do porquê algumas opiniões são melhores que outras. E, nesse segundo grupo, embora não se acredite em verdades absolutas, tampouco se afirma que todos os pontos de vista valem o mesmo. Neste sentido, filosofar é um meio de indagar, e quem exercita o razoamento transforma-se num investigador.

Foi Aristóteles quem tentou elaborar pela primeira vez uma classificação sistemática dos argumentos válidos e inválidos. O pensador da Macedônia analisou, sobretudo, os razoamentos dedutivos. Os argumentos dedutivos corretamente formulados são aqueles em que a verdade das premissas garante necessariamente a verdade das conclusões. Junto a esses encontramos os argumentos advindos direto da experiência, analisados com amplitude por David Hume. Aqui, a segurança já não é total, a conclusão só se deriva provavelmente das premissas. Paradoxalmente, os argumentos contingentes – os analógicos – são os preferidos pelos indivíduos com mais nível de inventividade.

A seguir, iremos nos ocupar deles. Não é que tentem impor sua verdade ou afirmem que temos de tratá-la com delicadeza para proteger sua fragilidade, mas eles são verdadeiros criadores de novos mundos. As idéias apresentadas têm um valor de verossimilhança, autenticidade e sinceridade como poucas, ainda que nunca antes as tivéssemos ouvido da boca de nenhum ser humano. Os pensadores desta natureza demonstram um dom especial de comunicação, rendimento e engenho. Não há nada mais de acordo com a razão que sua desaprovação da mesma, nas palavras de Pascal.

E no que se pensa depois de uma boa refeição? No amor. O erotismo é apenas a habilidade de temperar bem o amor. E, apesar do tópico, este último não consegue se concretizar bem sem selecionar o momento e a pessoa.

Segundo pesquisas, segunda-feira é o dia de menor aceitação para realizar atividades sexuais. As escapadas de fim-de-semana precedem a noite, as celebrações, o momento de acordar ou o retorno do trabalho como antecedentes apetecíveis para os encontros eróticos. Os espanhóis incrementaram o número de minutos dedicados às preliminares, e um em cada três investe de quinze minutos a meia hora nas diversões prévias, uma marca nada espetacular. Os lugares preferidos para o jogo erótico são, nesta ordem: o quarto, a sala, o banheiro e a cozinha. Quanto aos percentuais, os espanhóis começam a se aproximar da média européia: 121 relações ao ano, enquanto na Holanda esta média se situa em 158 e os franceses desfrutam de 167 encontros eróticos no mesmo período de tempo. No que se refere às práticas concretas, mais da metade dos entrevistados afirma preferir versões não reprodutivas das mesmas, em especial a que em nosso contexto mais imediato se associa com a pátria dos deuses.

Na *Enciclopédia*, Diderot definiu o amor como "a posse e desfrute de outro ser". Esse desejo de ter, que afeta pessoas e coisas, pode adoçar nossa vida ou torná-la horrivelmente amarga. O amor é um mal-estar inclemente, carregado de medos e coroado de angústia. O encontro erótico apresenta-se muitas vezes, pelo menos aos olhos ocidentais, como a parte mais evidente da guerra entre os sexos. Para se proteger desses efeitos indesejáveis, os orientais desenvolveram, há muitos anos, uma série de saberes. Escreve Ge Hong, patriarca e filósofo taoísta do século IV: "Ninguém poderá chegar à longevidade se ignorar a *arte da alcova*". Tanto a abstinência como o excesso conduzem à morte do corpo. O ato sexual é necessário, mas também perigoso. Portanto, devemos conhecer as técnicas apropriadas.

O objetivo é ter o máximo de prazer mútuo e que este perdure o maior tempo possível para garantir uma longa vida. Aumentar o número de relações sexuais, com maior duração de prazer, é o objetivo da arte da alcova. "Nove vezes com suavidade e uma até o fundo" é uma das práticas eróticas mais extensas. Existem regras precisas sobre a freqüência da ejaculação. Um jovem robusto de 14 anos deve ter duas por dia. Na medida em que aumenta sua idade, o número diminui: aos 30 anos, uma por dia; aos 40, uma a cada três dias; aos 50, uma a cada cinco dias; aos 60 anos, uma a cada dez dias; e, aos 70, uma por mês.

A força da mente não deve ser dissipada por pensamentos banais: "Não abater a mente, nem agitar a essência", recomenda um filósofo taoísta do século III a. C. Os adeptos ao taoísmo não devem comer cereais, porque desequilibram o corpo. Fazer amor é, acima de tudo, um excelente exercício de ginástica que vivifica os humores e afugenta as doenças.

A gastronomia é a arte de condimentar os alimentos para produzir felicidade. A filosofia é o engenho de cozinhar idéias para obter perguntas. O erotismo não é outra coisa senão a habilidade de temperar bem o amor. E os procedimentos são determinantes na hora de amar, pensar ou comer.

A partir daqui, apresentaremos as habilidades de pensamento de um bem-nutrido grupo de filósofos, temperadas com seus hábitos alimentares e, ocasionalmente, também com suas preferências eróticas. Para agrupar todo este material, deixamo-nos aconselhar pelo paladar. Imitamos, no momento de decidir a ordem, a seqüência habitual em que esse distingue os sabores.

A percepção do gosto desenvolve-se de forma especializada em diferentes zonas da língua. Com a ponta desta, notamos as coisas doces; as amargas, com a parte posterior; as ácidas, com as laterais; e as salgadas, com toda a superfície. Um torrão de açúcar escondido sob a língua não será percebido com a mesma intensidade que se o depositarmos sobre ela. Nosso umbral de percepção mais baixo é o do sabor amargo. Pena que não aconteça o mesmo nos outros âmbitos apontados.

Bom proveito!

DOCE

O mel do conhecimento

(MENU PITAGÓRICO)

Abstenha-se de comer favas.

PITÁGORAS

Na Grécia antiga, lugar de nascimento da filosofia segundo a tradição ocidental, as mulheres encarregavam-se da cozinha. A base da dieta clássica era: pão, sêmola, flocos de aveia, ervilhas, alhos, lentilhas, cenouras e nabos. Os filósofos, embora consumissem a maioria desses alimentos básicos, tinham suas preferências na hora de comer. Os cínicos tinham predileção pelo pescado. O prato escolhido por Epicuro era o queijo, combinado com azeitonas e vinho tinto. As azeitonas também eram a fraqueza de Platão, enquanto os pitagóricos ansiavam por mel, maçãs, tâmaras, figos frescos ou secos, uvas, peras, romãs e qualquer outro tipo de frutas. No entanto, apesar da ostentação por escrito dessa variedade de gostos, os únicos que fizeram da comida um verdadeiro estandarte foram os seguidores de Pitágoras.

Os homens não entravam habitualmente na cozinha, mas apenas a eles era permitido, na Grécia antiga, o preparo da carne nas celebrações. Comer carne, algo não muito habitual, tinha um significado religioso, como não comê-la passou a tê-lo a partir dos pitagóricos. Originalmente, o ofício de cozinheiro estava vinculado à religião.

O pitagorismo parte de uma postura no mínimo contestatória, dieteticamente falando. O vegetarianismo na Antiguidade tem sua origem no pitagorismo. Também se proíbe o vinho, as favas, o louro... Além disso, os seguidores de Pitágoras identificavam-se porque seguiam uma série de preceitos de índole bastante diversa: "não se deixe possuir por um riso incontido", "não acredite em nada estranho sobre os deuses ou sobre as crenças religiosas"; além das reduções cabalísticas da realidade que compartilhavam: a justiça é o número quatro; a saúde ou a boa fortuna, o sete; e o casamento, o cinco. Para eles, os números eram verdadeiros talismãs.

É muito pouco o que se conhece realmente sobre a vida de Pitágoras. Acredita-se que nasceu em Samos, no início do século VI a.C. Abandonou sua cidade natal para fugir da tirania e estabeleceu-se em Crotona, no sul da Itália, onde parece ter alcançado uma posição de prestígio.

Um dos capítulos mais conhecidos de sua biografia é a criação de uma comunidade de adeptos, composta por trezentos membros que o veneravam. Com Pitágoras, aparece a nova forma de vida de uma comunidade fechada, aglutinada por regras comuns de vida e pelas mesmas idéias sobre a alma e a sociedade. Pitágoras foi o primeiro que aglutinou ao seu redor um círculo fechado de discípulos que participavam de sua doutrina.

Entre as normas que esses adeptos obrigatoriamente observavam estavam as seguintes: afaste-se dos caminhos freqüentados e caminhe pelas trilhas; vigie sua língua e siga os deuses; não mexa no fogo com uma faca (ou instrumento de ferro); ajude ao homem que tenta levantar sua carga, mas não a quem a depõe; ao calçar-se, comece pelo pé direito e, ao se lavar, pelo esquerdo; não fale das questões pitagóricas sem luz; nunca passe por cima de um jugo; quando estiver fora de casa, nunca olhe para trás; alimente um galo, mas não o sacrifique, pois está consagrado à Lua e ao Sol; não permita que uma andorinha faça seu ninho sob seu telhado; não coloque anel; não se olhe no espelho junto a uma lamparina; não acredite em nada estranho sobre os deuses ou crenças religiosas; não se deixe possuir por um riso incontido; não corte as unhas durante um sacrifício; depois de se levantar da cama, enrole os cobertores e aplane o lugar onde se deitou; não coma o coração; cuspa sobre as madeixas de cabelo cortado e sobre os restos de suas unhas; apague da cinza o rastro da panela; abstenha-se de comer favas; abstenha-se de comer seres vivos.

A maioria desses preceitos tem na atualidade um significado ininteligível para nós. Não obstante, vamos tentar encontrar uma explicação sobre os que se relacionam a comida: não coma o coração, não coma favas, não coma louros, não mate frangos, abstenha-se de comer seres vivos. Para isso, devemos expor a doutrina da alma de Pitágoras.

A alma humana, para esse pensador, é imortal e encontra-se ligada acidentalmente a um corpo. A doutrina da transmigração das almas, que tanta influência teria depois em Platão, afirma que as futuras reencarnações desta parte espiritual dependem da existência anterior. O renascimento religioso devolvera à vida a velha idéia do poder da alma e de que seu vigor perdura após a morte. A alma é um prisioneiro diferente do corpo. Nosso espírito vai mudando de corpo na medida em que avança a roda das reencarnações.

A alma tem em suas mãos o poder de decidir o tipo de corpo no qual vai se introduzir, seja humano, animal ou vegetal. Portanto, as almas poderiam reencarnar em forma de seres vivos diferentes do homem, como animais e vegetais. Isto, por sua vez, sugere o parentesco de todos os seres vivos. Talvez, por esta razão, solicitava-se a abstenção de comer folhas de louro e favas. É muito provável que Pitágoras acreditasse ser possível reencarnar em forma de planta.

A prática do silêncio, a influência da música e o estudo da matemática são consideradas colaborações valiosas para a formação da alma. É provável que a proibição de comer carne se devesse à doutrina da metempsicose, ou estaria, pelo menos, em conexão com ela, como também o estaria a proibição de oferecer sacrifícios sangrentos à divindade. O corpo deve se purificar e, para fazê-lo, seria necessário atentar também para a alimentação.

Após a morte de Pitágoras, parece que sua escola se dividiu em duas seitas: a dos chamados acusmáticos, que mantiveram o aspecto místico de suas doutrinas; e a dos matemáticos, que se amoldaram ao campo científico. Os matemáticos seriam os privilegiados que podiam chegar ao conhecimento mediante o exercício de sua própria razão, enquanto os acusmáticos estavam condenados a ouvir a verdade revelada, porque eram incapazes de encontrá-la por eles próprios.

A religião e a ciência não eram para ele dois compartimentos separados sem contato algum, mas constituíam os dois fatores indissociáveis de um único estilo de vida. As noções fundamentais que mantiveram unidos os dois ramos, que mais tarde se separaram, parecem ter sido a contemplação, o descobrimento de uma ordem na disposição do universo e a purificação da alma.

Os pitagóricos que se dedicaram à matemática foram os primeiros a fazer progredir esta área de estudo. Para eles, todas as coisas são quantificáveis. Dizem os pitagóricos: "O que é o mais sábio? O número. E o que é o mais belo? A harmonia". Toda a ordem existente na realidade pode ser expressa através de números.

Mas os pitagóricos não afirmam apenas que todas as coisas podem se expressar numericamente. Vão além. Para eles, o substrato material da realidade também é numérico. Pitágoras entendia os números como o *arché* do mundo. A estrutura da realidade, segundo esse pensador, dependia formal e materialmente dos números.

É evidente que tal doutrina não é de fácil compreensão. Torna-se difícil dizer que todas as coisas são números. O que consideravam com isso os pitagóricos? Em primeiro lugar, o que entendiam por números ou o que pensavam acerca dos números? Os pitagóricos consideravam os números espacialmente: o um é o ponto; o dois, a linha; o três, a superfície; o quatro, o volume. Dizer que todas as coisas são números significaria que "todos os corpos constam de pontos ou unidades no espaço, os quais, quando tomados em conjunto, constituem um número".

Este costume de representar os números ou relacioná-los à geometria ajuda a compreender por que os pitagóricos consideravam as coisas como números e não só como algo quantificável: transferiam suas concepções matemáticas à ordem da realidade material. Pela justaposição de pontos, cria-se a linha; a superfície é criada pela justaposição de várias linhas; e o corpo, pela combinação de superfícies. Pontos, linhas e superfícies são as unidades reais que compõem todos os corpos da natureza e, nesse sentido, todos os corpos devem ser considerados como números.

Apesar de todas estas elucubrações, os pitagóricos contribuíram positivamente para o desenvolvimento da matemática. Um conhecimento prático do teorema de Pitágoras aparece já nos cálculos sumérios, mas foram os pitagóricos que superaram os simples cálculos aritméticos e geométricos e souberam integrá-los num sistema dedutivo. O doce conhecimento da harmonia.

Talvez tenha contribuído para isso o gosto pelo mel de seu máximo representante. O mel, sem dúvida, é o alimento energético por excelência e um estupendo reconstituinte para estudar matemática. A espetacular ação positiva que exerce sobre o organismo deve-se a seus componentes, como açúcares, oligoelementos orgânicos e minerais, hormônios e vitaminas, substâncias vivas que desempenham um papel de poderosos catalisadores capazes de liberar a energia potencial contida em outros elementos.

O simples consumo regular de mel exerce uma ação positiva sobre os corações castigados pelo estresse. O mel é fonte de energia para um coração fatigado; aumenta a quantidade de glucogênio disponível no fígado e exerce uma ação hepatoprotetora; não requer uma digestão prévia; atua muito favoravelmente contra as doenças do estômago; seu consumo regular aumenta a taxa da hemoglobina do sangue, ao mesmo tempo em que acresce ao peso do corpo. O mel é um sedativo que atua sobre todo o corpo.

O mel não é só o grande complemento energético para o cultivo da matemática: também está presente nas opiniões dos pitagóricos sobre física celeste. Para eles, a Terra, além de não ser esférica, também não ocupava o centro do universo. A Terra e os planetas giravam – assim como o Sol – em torno do fogo central, produzindo uma música dulcíssima em conseqüência da harmoniosa rotação das esferas que os homens não podem perceber, porque nos acompanha desde o nascimento, a qual é conhecida pelo nome de silêncio. O silêncio é, então, o melífluo som provocado pela harmoniosa engrenagem do universo.

Devemos aos pitagóricos o aperfeiçoamento da álgebra e da aritmética, a classificação dos poliedros regulares, o teorema de Pitágoras, a incomensurabilidade da diagonal e do lado de um quadrado, a doutrina da "harmonia das esferas", mas nada é comparável a sua obstinação por pensar a realidade através da abstração dedutiva, o doce conhecimento da ordem das coisas que todos perseguimos. Talvez por isso, segundo conta Diógenes Laércio, quando Leoconte perguntou a Pitágoras "Quem é você?", este respondeu pela primeira vez: "Sou um filósofo!".

Maçãs e peras ao mel com amêndoas e pinhões

RECEITA PARA QUATRO PESSOAS

4 maçãs, 4 peras, mel de romeira, mel de queiró, amêndoas cruas, pinhões, manteiga, suco de maçã e suco de pêra.

Esta receita baseia-se em dois elementos muito apreciados pelos pitagóricos – a fruta e o mel –, acompanhados de dois frutos secos bem mediterrâneos: os pinhões e as amêndoas, que abundavam na Grécia antiga. Todos os ingredientes da receita são duais, seguindo o princípio pitagórico de que a realidade é dual: dois tipos de frutas, dois tipos de mel e dois frutos secos equivalentes às dualidades pitagóricas: par–ímpar, limite–ilimitado, uno–múltiplo, direito–esquerdo, masculino–feminino, estático–em movimento, reto–curvo, luz–escuridão, bom–mau e quadrado–oblongo.

Retirar as cascas das maçãs e das peras, bem como seu miolo. Cada fruta deve ser cortada em dez rodelas, em referência aos dez elementos celestes e ao número 10, o número perfeito para os pitagóricos. Colocar as frutas cortadas numa travessa pronta para ir ao forno, regá-las com os sucos de maçã e pêra, os dois tipos de mel e um pouco de manteiga. Cozinhar no forno, em fogo baixo, durante dez minutos. Retirar a fruta e reservar a metade do suco. Reduzir o resto do suco até que fique com consistência de xarope.

Numa frigideira antiaderente, tostar as amêndoas, previamente picadas em pedacinhos não muito pequenos. Caramelizar os pinhões com o xarope obtido da fruta.

APRESENTAÇÃO: colocar num prato aquecido para cada comensal as dez rodelas de maçã com os pedaços de amêndoa tostados por cima e as dez rodelas de pêra com os pinhões caramelizados. Regar com o suco que reservamos. Servir morno ou quente.

ENIGMA PARA A SOBREMESA*

1. Atribui-se a Pitágoras a seguinte resposta sobre o número de seus discípulos: "A metade deles estuda matemática, um quarto estuda física, um sétimo consome mel e, além deles, há três mulheres". Quantos discípulos tinha?

Quando já tiver encontrado o número de discípulos, pode-se continuar com este outro: sobre um quadrado de nove casas, devem-se colocar nove números diferentes compreendidos entre 1 e 9, ambos inclusive, sem repetir nenhum. Uma vez dispostos, teremos um quadrado mágico no qual a soma das colunas horizontais, verticais e diagonais sempre dará o mesmo resultado. Os pitagóricos pensavam que essas formas geométricas traziam boa sorte.

---

* O termo "sobremesa", em espanhol, refere-se ao momento após a refeição em que as pessoas permanecem sentadas à mesa conversando. Visto que não há, em língua portuguesa, um termo exato que defina esse momento de diálogo, optou-se por manter na tradução também "sobremesa", já que ela se refere à etapa final da refeição. (Nota da tradutora.)

O sonho do melão

(MENU CARTESIANO)

Se não se come, não se pensa.

DESCARTES

Na noite de 10 de novembro de 1619, Descartes teve três sonhos. No primeiro, ele era assediado por fantasmas. Ao tentar afastar-se, cambaleou. Continuou caminhando, temendo cair e, ao ver uma escola, entrou nela em busca de refúgio. Tratou de chegar à capela da escola para rezar, mas um desconhecido cruzou seu caminho. O vento, que soprava com força, o impediu de saudá-lo. No meio do pátio do colégio, alguém o cumprimentou com amabilidade e explicou-lhe que deveria se encontrar com um tal N., que tinha algo para lhe dar. Descartes pensou que era um melão. Um grupo de pessoas, que mantinham o equilíbrio apesar da força do vento, observava silenciosamente toda a operação.

No segundo sonho, Descartes ouviu um ruído intenso, que tomou por um trovão e acordou aterrorizado. Encontrou o quarto cheio de faíscas incandescentes que brilhavam intensamente, iluminando os objetos mais próximos e permitindo-lhe perceber suas formas. Não era a primeira vez que lhe acontecia algo semelhante. Logo se acalmou e dormiu outra vez.

No terceiro sonho, Descartes encontrou uma enciclopédia em cima da mesa. Em seguida, tropeçou em um livro em latim que já tinha lido, o *Corpus poetarum*. Abriu-o ao acaso e leu o verso seguinte: "Que rumo seguirei na vida?". Então, um desconhecido recomendou-lhe um poema que começava com um verso enigmático: "Sim ou não".

Quando Descartes cambaleia para a direita no primeiro sonho, segundo um de seus mais reconhecidos biógrafos, indica suas dúvidas sobre se deve ou não se dedicar, no futuro, ao exercício da profissão de advogado (direito). Superado esse desconcerto, segue adiante e encontra-se com um amigo, que bem poderia ser Beeckman, o qual lhe oferece um melão. Vamos deixar a análise dessa fruta para um pouco adiante. O vento representa a força das baixas paixões e a capela, o refúgio seguro da religião.

Os sonhos acabam sendo embaraçosos para os seguidores de Descartes. O pai da ciência moderna, o antecessor da ilustração, o defensor da superioridade do homem sobre natureza, o pensador que senta as bases da Revolução Industrial – em duas palavras, o fundador do racionalismo –, que, como seu nome aponta, reivindica acima de tudo a objetividade, atende à loucura controlada do sonho para reorientar suas especulações e, o que talvez seja mais importante, o conjunto de sua vida. Paradoxalmente, então, confia na sem-razão dos sonhos para fundamentar seus argumentos mais transcendentais.

Os sonhos, segundo Freud, o pai da psicanálise, distinguem-se do pensamento em estado de vigília, porque não operam por conceitos, mas por imagens. E mais: suscitam em nós representações involuntárias que não podemos controlar. Assim, então, o sonho pensa predominantemente em imagens visuais, embora não deixe de trabalhar também com imagens auditivas e, em menor grau, com as impressões dos outros sentidos. Prescindindo das discussões conhecidas por todos os psiquiatras sobre a essência da alucinação, pode-se afirmar que o sonho alucina, no sentido de que não existe diferença entre representações visuais e acústicas.

Os elementos oníricos não são meras representações do intelecto, mas verdadeiras experiências da mente comparáveis às que temos quando estamos acordados em contato com o mundo externo. O sonho dramatiza uma idéia, e o faz com tal realismo que não podemos saber se a faculdade que dirige a operação é a imaginação ou a memória.

A soma dos estímulos sensoriais, armazenados no intelecto, apresenta-se no sonho em forma de alucinações. Essas representações enlaçam-se conforme algumas leis da associação que conhecemos e evocam, por sua vez, uma nova série de imagens. A liberdade das associações é impensável para a mente em qualquer outra condição.

O sonho possui uma maravilhosa poesia, uma redundante faculdade alegórica, uma ironia crítica e um humor revigorante. Escreve Freud:

> Apresenta-nos o belo terrenal num resplendor verdadeiramente celeste; o elevado, em sua mais alta majestade, o que, segundo nossa experiência, é temeroso na forma mais aterrorizante, e o ridículo, com indescritível comicidade; às vezes nos encontramos, mesmo depois de acordar, tão dominados por uma dessas impressões que cremos não ter encontrado no mundo real nada semelhante.[*]

É indiscutível que os rendimentos psíquicos do sonho tenham encontrado um reconhecimento mais caloroso em outras épocas e latitudes: manifestações como a de Schubert, de que o sonho constitui uma emancipação do espírito do poder da natureza exterior, um desligamento da alma das ataduras da sensualidade; análogos juízos de Fichte, que considera o sonho como uma elevação da vida anímica a um nível mais elevado; realidades como os devaneios de Coleridge, que deram como resultado seu poema *Kubla Khan*; ou a evocação sonolenta do prelúdio do *Ouro do Reno*, de Wagner; a intuição num sonho da estrutura molecular do anel da química orgânica de Kekulé; ou esta mesma narração das origens do método cartesiano tampouco convencerão aos mais céticos. Na atua-

---

[*] No livro original, em espanhol, o autor não especificou os dados bibliográficos completos das citações de que fez uso. Assim, excepcionalmente, esta publicação em português não obedece aos padrões estabelecidos pela Editora Senac São Paulo. No final do livro, porém, há uma bibliografia com todos os autores citados. (Nota da edição brasileira.)

lidade, os sonhos, como método heurístico, apenas são considerados por autores místicos, devotos em geral ou, o que é pior, por jogadores da mesma ralé.

Descartes escreve em seu diário que, em 10 de novembro de 1619, descobrira "a base de uma ciência maravilhosa". Essa disciplina fascinante era a tentativa de fundamentar uma doutrina unificada de maneira que todos os fenômenos naturais, fossem do tipo que fossem, pudessem ser estudados e compreendidos como um só método. O caminho proposto por Descartes é apenas uma generalização do procedimento analítico, que ele utiliza para resolver problemas matemáticos e que, mais adiante (1637), incluirá em seu *Discurso do método*:

1. Nunca assumir como verdadeiro aquilo que não for tido evidentemente como tal.
2. Dividir cada dificuldade encontrada em quantas partes forem possíveis e como for requerido para descobrir uma melhor solução.
3. Dirigir meus pensamentos em ordem, começando pelos objetos mais simples, e, depois de conhecê-los de forma adequada, ascender lenta e gradualmente ao conhecimento dos mais complicados e assumir uma ordem entre eles, que não se precedem entre si de modo natural.
4. Efetuar enumerações tão completas e resenhas tão gerais até estar certo de não ter omitido nada.

A primeira afirmação é de que só aquilo que se possa conhecer com clareza e distinção possuirá a solidez da verdade. A segunda regra alude aos benefícios que traz a análise, uma atividade intelectual que dará muitos frutos no cultivo do pensamento. A terceira propõe pensar ordenadamente do simples ao complexo, nada mais evidente. E ao final recomenda, numa clara concessão escolar, repassar todo o processo antes de dá-lo por definitivo, a fim de ver se foi cometido algum erro.

O pensamento observa a realidade, sem a esquartejar, contemplando em separado cada um de seus componentes. A análise em profundidade fez florescer novas concepções do pensamento e da ciência. Uma boa capacidade de análise pode se aprofundar na realidade, porque torna evidentes as relações entre seus componentes. Até seus inimigos acérrimos, como os empiristas, lhe dariam razão nesse ponto, pois, em última instância, permite explicar a realidade a partir da associação de elementos primários.

Num plano intelectual, a análise caracteriza-se pela capacidade de distinguir alguns elementos de outros, de fazer considerações lógicas, que na realidade se referem a um ser unitário, o qual temos a capacidade de perceber decomposto. Não há dúvida que se pode treinar esta habilidade e que ela é imprescindível para progredir em qualquer âmbito da vida.

Descartes realiza sua descoberta aos 23 anos. Como matemático, estava na flor da vida e, assim como outros pensadores, nunca superaria esta grande contribuição inicial ao pensamento.

No início de 1629, Descartes viaja a Franeker em busca de paz e tranqüilidade. Tem, então, 32 anos. Na Frísia, vive num castelo. Os Países Baixos constituirão um longo e seguro refúgio para sua vontade de ensimesmamento. A monotonia da paisagem permite-lhe concentrar-se melhor. Durante os 21 anos que permanece na Holanda, reside ao menos em dezoito localidades, mas se desloca mais vezes. Por exemplo, de 1634 até setembro de 1649, data na qual partiu para a Suécia, Descartes viveu sobretudo nas campinas aos arredores de Santpoort, Leiden, Egmond aan den Hoef e Egmond-Binnen.

Refugiado no campo, levanta tarde, escreve e cuida de sua horta, sempre que o tempo ou as notícias que chegam do exterior não o impedem. Por hábito, permanece meditando na cama até as onze da manhã. Em seu tempo livre, ou seja, quase sempre, cavalga, caça, pratica esgrima, ouve música e conversa com os amigos. Responder cartas, resolver problemas matemáticos e responder as objeções dos outros sobre seus livros são tarefas que faz costumeiramente com tédio. Lê romances de cavalaria e tem certa tendência ao romantismo. Amava a poesia em sua juventude; outra contradição que tenta compensar com sua filosofia.

Descartes é um homem orgulhoso, irascível e egocêntrico. Em geral, mostra-se contundente em suas opiniões. É desconfiado, rápido para ofender-se e encolerizar-se e lento para se acalmar. Cultiva o rancor, jamais esquecendo um insulto, um desprezo ou uma injúria. Desde muito jovem, tenta proteger-se da maledicência dos humanos com um lema alheio que torna seu: "Quem vive oculto vive bem".

Descartes é quase vegetariano e, como todo bom francês que possa fazê-lo, tenta cultivar sua horta. Na Frísia, no inverno, alimenta-se de nabo, beterraba e pão, cenoura e repolho, cebola e espinafre, alho-poró e lentilha. Não despreza o leite e o queijo mais envelhecido, temperado com cravo, bem típico da região. Em certa ocasião, asseverou que, embora os Países Baixos não tivessem tanto mel como Deus prometera aos israelitas, sem dúvida, dispunham de mais leite. Ainda hoje, comenta-se na Holanda que, onde quer que se esteja lá, há pelo menos uma vaca num raio de duzentos metros.

Descartes come queijo enquanto persegue em sonhos o sabor doce do melão, uma fruta que pode ser símbolo do pecado original, já que representa os seios, o sexo ou as cadeiras de uma mulher; mas que também pode ser um sucedâneo de um grande ovo de avestruz, indicando a origem de algo importante ou, pelo menos, grande. Embora a primeira interpretação seja bem sugestiva, podendo nos levar ao testamento de Descartes, no qual deixou uma soma considerável a uma ama-de-leite, inclino-me pela segunda opção.

Na escrita hieroglífica egípcia, o ovo simboliza o potencial, o germe da geração, o mistério da vida. A alquimia continua mantendo este mesmo sentido e determina que se trata do continente da matéria e do pensamento, algo que Descartes sempre separava. O ovo de Páscoa é um símbolo da imortalidade. Da Índia ao Ocidente, representa o símbolo cósmico da criação.

Não resta dúvida, então, de que o ovo antecipava algo novo. O sonho do melão adverte-nos da crucial importância do achado: um sistema que pode ser aplicado tanto à geometria e à física como à ética e à filosofia. Não é para menos. Trata-se de um credo que pode ser resumido com as palavras pronunciadas em seu leito de morte pelo príncipe Maurício de Nassau: "Creio", asseverou diante da demanda de um sacerdote, "que dois mais dois são quatro e quatro mais quatro são oito". E acrescentou, assinalando vários matemáticos que estavam junto dele: "Estes cavalheiros o informarão sobre os demais detalhes de nosso acordo".

Descartes, embora não se entusiasmasse com a idéia, aceita o convite da rainha Cristina e translada-se para a Suécia no verão de 1649. Não foi uma decisão acertada. Descartes, bastante friorento, considera que não se pode falar de frio até conhecer a Suécia: "Aqui os pensamentos dos homens congelam como a água". Aliás, os países escandinavos, como sabemos, tampouco se destacam por sua produção de melões.

Em 3 de fevereiro de 1650, às quatro da madrugada, quando *monsieur* Descartes preparava-se para apresentar-se na biblioteca da rainha, como fazia todas as manhãs à mesma hora, ainda que com o frio mais intenso, teve um violento ataque de febre. Para curar a constipação, durante este dia ingeriu três ou quatro colheres de aguardente, que devem ter provocado um grande efeito num homem que maldizia o álcool, dormindo por três dias inteiros. Quando acordou, foi-lhe dada sopa com vinho. Descartes pensava que era bom ter algo no estômago a todo momento, para manter a máquina em funcionamento: se não se come, não se pensa.

Como não melhorava, o médico pessoal da rainha foi visitá-lo, receitou-lhe uma sangria, a qual o doente desprezou porque não tinha "sangue para perder", ao que acrescentou que não aceitaria "nenhum remédio que não viesse da cozinha". Faleceu, aos 53 anos, no dia 11 de fevereiro, às quatro da manhã, na mesma hora em que tinha de levantar para comparecer ao seu encontro com a rainha. Alguns comentaristas atribuíram essa coincidência aos bons costumes sobre o repouso que sempre caracterizaram nosso pensador.

Se não se come, não se pode pensar. Se não se dorme, não se pode sonhar. O melão, no horário noturno, tanto limita uma boa digestão como impede que se concilie placidamente o sonho.

Sopa de melão com fatias de presunto serrano

RECEITA CARTESIANA PARA QUATRO PESSOAS

1 melão de 2 kg, nem mais nem menos, 2 alhos-porós de 3 cm de diâmetro, 1 cebola de 8 cm de diâmetro, 1 batata de 200 g, 50 g de presunto serrano fatiado, 1 ℓ de caldo de carne, 100 ml de creme de leite, 50 ml de azeite, 25 g de farinha, 25 g de manteiga, 5 g de sal.

Numa caçarola levada a fogo brando, cozinhar os alhos e a cebola – ambos cortados e picados – no azeite e na manteiga até que comecem a dourar. Cortar o melão exatamente pela metade e de forma geométrica, fazendo dez cortes em ziguezague, de modo que posteriormente possa ser remontado. Retirar a polpa do melão e cortá-la em cubos pequenos. Descascar a batata e cortá-la em cubos como o melão.

Colocar os pedaços de melão e de batata na panela onde já foram preparados a cebola e o alho. Acrescentar a farinha. Misturar tudo durante dois minutos e agregar o caldo de carne. Deixar cozinhar por vinte minutos. Colocar o sal. Incorporar o creme de leite e esperar até que comece a ferver. Quando ferver, apagar o fogo.

APRESENTAÇÃO: pegar uma das metades do melão e cortá-la ligeiramente por uma de suas extremidades, cuidando para que o córtex não se desmanche e vire suco; assim, o melão poderá ficar em pé. Será melhor ainda se for disposta numa estrutura metálica com pés, cujo interior possa suportar o peso de um melão.

Rechear o meio melão com a sopa morna. Incorporar as fatias de presunto serrano. Tampe o meio melão com a outra metade, de modo que o melão seja servido aparentemente inteiro. Temos na mesa o ovo original que anuncia o mistério da vida, o potencial e também uma surpresa digna da melhor alquimia.

ENIGMA PARA A SOBREMESA

2. Descartes passou boa parte de sua vida no meio rural dos Países Baixos. Ainda hoje, a Holanda caracteriza-se pela intensa dedicação ao gado leiteiro e à produção de leite. Conhecendo a fama de matemático do pensador, ninguém pode estranhar que um vizinho granjeiro lhe proporia um problema: quatro vacas pretas e três vacas marrons dão tanto leite em cinco dias como três vacas pretas e cinco marrons em quatro dias. Que tipo de vaca dá mais leite, a preta ou a marrom?

A alternativa ao chocolate
(MENU SADIANO)

Gosto da merda com loucura.

SADE

A propósito da comida em Sade, Barthes escreve:

> A alimentação sadiana é funcional, sistemática. Isso não bastaria para torná-la novelesca. Sade acrescenta um suplemento de enunciação: a invenção do detalhe, a denominação dos manjares. Vitorine, a intendente de Saintemarie-de-Bois, ingere em seu jantar um peru com trufas, uma torta Périgueux, uma mortadela de Bolonha e bebe seis garrafas de champanhe; Sade anota em outro lugar o menu de uma "ceia muito irritante: sopa com caldo de 24 pardaizinhos em arroz e açafrão, torta cujas almôndegas são de carne de pomba moída e coberta com fundos de alcachofras, ovos ao sugo, compota de âmbar". O trânsito da anotação genérica (eles se restabeleceram) ao menu detalhado (ao amanhecer serviram-lhes ovos mexidos, *chincara*, sopa de cebola e tortilhas) constitui o próprio sinal do novelesco.

O momento da refeição não é um elemento narrativo secundário nas obras de Sade. A alimentação é importante para os libertinos, porque supõe repor forças, mas sobretudo porque aumenta a possibilidade de produzir nova matéria para futuros gozos.

Sade não gosta de pão. A razão de tal atitude, adverte Barthes, pode ser política. O pão é o emblema da virtude, da religião, da moral, do trabalho. Por outro lado, adora a merda: "Jamais comi merda mais deliciosa, atestarei isso para toda a terra". O excremento transforma-se na matéria da subversão. A predileção pela merda representa a inversão de valores, a revolução, o desafio à ordem social que defende uma estabilidade dicotômica: o de cima e o de baixo; o da frente e o de trás; o masculino e o feminino; o humano e o animal; o educado e o grosseiro...

O libertino não só controla o ritmo defecatório, mas também a qualidade do produto:

> Estava terminantemente proibido aos sujeitos, de qualquer sexo, a ida ao guarda-roupa sem uma licença expressa, a fim de que as necessidades assim conservadas pudessem satisfazer as necessidades dos que as desejavam.

E para isso não há nada melhor que um bom regime alimentar:

> A partir de amanhã, segundo estas observações feitas sobre a merda dos sujeitos destinados às lubricidades, decidiu-se que era preciso tentar uma coisa da qual Duclos tinha falado em suas narrações: refiro-me à supressão do pão e da sopa em todas as mesas, exceto na dos senhores. Esses dois objetos foram subtraídos, dobrou-se ao contrário a carne de ave e de caça. Não demoraram oito dias em notar uma diferença essencial nos excrementos: eram moles, mais fundentes, de uma delicadeza infinitamente maior.

Esse regime infalível imposto a Dolos por seu amante é apresentado na décima segunda jornada de *As 120 jornadas de Sodoma*:

> Era obrigada a fazer quatro refeições, nas quais se suprimiam uma quantidade de coisas que teriam, no entanto, muito me agradado, tais como

peixes, ostras, carne seca, ovos e toda sorte de laticínios... A base do que consumia originalmente consistia numa imensidade de peitos de ave e caça desossada acondicionada de todo tipo de forma, pouca carne de charcutaria, nenhum tipo de gordura, muito pouco pão e pouca fruta... Como se previra, o resultado dessa dieta foi duas evacuações por dia, muito suavizadas, muito moles e do mais delicioso sabor.

A merda representa a alternativa sadiana ao chocolate, que estava se impondo como moda.

O chocolate começou a ser consumido pelos índios das Américas Central e do Sul. Os astecas o chamavam *xocoatl* e o consideravam um alimento com propriedades mágicas. Às vítimas dos sacrifícios humanos de Itzá costumava-se oferecer uma xícara de chocolate para santificar seu trânsito. Na corte de Montezuma, bebiam-se 2 mil xícaras de chocolate ao dia e o imperador gostava de tomá-lo na forma de sorvete.

Fernando Cortez introduziu o chocolate na Espanha no século XVI e não demorou muito para transformar-se num autêntico fenômeno alimentar. Carlos V consumia-o mesclado com açúcar. Brillat-Savarin adverte que "as damas espanholas do Novo Mundo estão loucamente afetadas pelo chocolate".

O conteúdo de feniletilamina do chocolate é extremamente baixo e, apesar disso, faz desta substância um raro manjar que controla nosso caráter. A feniletilamina é a substância que o cérebro segrega quando estamos apaixonados, produzindo um efeito muito semelhante ao das anfetaminas. Por isso, quando nosso corpo não goza de um modo natural a onda passional que o amor supõe, busca-o nos derivados do cacau. O chocolate também estimula o pâncreas a produzir insulina, que, em última instância, leva a um aumento da serotonina, que é um neurotransmissor que provoca um efeito relaxante e previne as depressões.

Estes efeitos prazerosos do chocolate relacionados ao amor já tinham sido percebidos no século XVIII. O chocolate, considerado um afrodisíaco, era consumido preferencialmente pela nobreza. A sociedade aristocrática ilustrada tomava chocolate no café-da-manhã no *budoir* e, se fosse possível, na cama.

Os pais de Sade eram amantes do chocolate. Donatien Alphonse François, marquês de Sade, nasceu em 2 de junho de 1740 no Hotel Condé, em Paris. Sua primeira infância está rodeada de todos os luxos que são próprios de sua classe social. As figuras mais poderosas em sua vida infantil e juvenil são, sem dúvida, seu pai, Jean-Baptiste de Sade, e seu tio, o abade Jacques-François de Sade, que se entregaram a práticas abertamente libertinas. O pai de Sade foi detido por tentar seduzir um jovem, e sua bissexualidade ficou impressa em poemas explícitos.

Por sua parte, seu tio – o abade, biógrafo de Petrarca – foi um clérigo erudito a quem Sade ficou aos cuidados exclusivos entre os 6 e os 10 anos, e que tinha como amantes, em sua própria casa, uma filha e sua mãe, além de sua criada Marie. Era conhecido como "o sibarita de Saumane", vilarejo onde vivia com seu sobrinho e registrava várias detenções devido a seu gosto por prostíbulos.

Seguindo o exemplo, Sade começou cedo a ter problemas. Para evitar a "desonra", o pai estabeleceu negociações com a poderosa família burguesa Montreuil a fim de casar Donatien com sua filha mais velha, Renée-Pélagie, a quem Sade conheceu às vésperas do casamento, em 1763. Durante o século XVIII, o empobrecimento da aristocracia obrigou seus membros a estabelecer casamentos com abastados membros da burguesia.

Sade estreou como homem casado manifestando afeto por sua esposa. Renée-Pélagie, por sua vez, demonstrou desde o princípio grande devoção pelo jovem esposo. A sogra, madame de Montreuil, foi tolerante ao extremo ante as aventuras sentimentais do genro, que investia, já no início do casamento, grandes quantidades de dinheiro em suas amantes. Ela – figura-chave na futura e prolongada reclusão de Sade – não se mostrou escandalizada quando o genro foi detido, alguns meses depois das bodas, por seu encontro, tingido de enviesadas blasfêmias, com uma ex-prostituta que o denunciara à polícia. Sade é preso, pela primeira vez, em 29 de outubro de 1763. O contrato matrimonial tinha sido firmado em 15 de maio do mesmo ano.

No dia 27 de agosto de 1767, nasce em Paris o primogênito do Marquês. A vida familiar goza de uma aparente estabilidade. Falta pouco para que estoure o caso de Rose Keller, uma mulher de 36 anos, viúva, doente e sem recursos, a quem Sade tortura de forma selvagem depois de tê-la levado para casa com a promessa de contratá-la como criada.

Quando Sade é detido em 1768 devido a estes fatos, sua sogra já não mais o defende, já que as relações entre eles haviam se deteriorado gravemente. Madame de Montreuil empenha-se em mover todas as suas influências para manter o genro na prisão. Não se trata apenas de uma questão de poder (sua filha, Pélagie, transformou-se na defensora mais ardente do marido, desobedecendo as suas ordens), mas os escândalos de seu genro põem em perigo as negociações matrimoniais do resto de suas filhas.

Em 1772, Sade participa de uma orgia, desta vez acompanhado por sua ordenança. Tratava-se de uma orgia maníaca e detalhada, seguindo-se estritas normas teatrais. Publica-se uma ordem de prisão. Sade foge para a Itália, mas é condenado à morte, em sua ausência, pelo Parlamento. A sentença é cumprida de maneira simbólica, utilizando-se bonecos como dublês. Sade é privado de todos os seus direitos. Seus bens são transferidos à esposa, e o cuidado de seus filhos fica a cargo da temida sogra. Depois desse veredicto, Sade é considerado civilmente morto.

Em 1777, Sade experimenta uma das épocas mais prolongadas de reclusão. Não é liberado até a eclosão da Revolução treze anos mais tarde. Quando é transferido para a Bastilha, começa a escrever febrilmente a parte mais importante de sua obra.

A Bastilha abriga o nascimento de Sade como escritor. Nessa célebre cadeia, Sade solta as rédeas de uma obsessiva e crescente compulsão pela comida, uma gula extrema que o transforma num obeso incapaz de se vestir sozinho. Sade investe grande parte das 2.400 libras que recebe do governo em comida. Na prisão, também escreve as cartas mais irritadas contra sua sogra: "Não, não acredito que seja possível encontrar, em todo o mundo, uma criatura mais detestável que sua infame mãe; nem sequer o inferno vomita uma mulher mais abominável".

Finalmente, nessa prisão, da qual é transladado em plena Revolução por alertar às massas, perde-se uma parte importante de seus manuscritos. A Bastilha é tomada, incendiada e destruída. Depois de libertado, sua esposa não quer mais vê-lo, cumprindo assim, de maneira tardia, o desejo da mãe. Embora Sade a insultasse manifestamente e a maltratasse durante sua união, ela nunca quis romper o vínculo que se estabelecera entre eles.

O Marquês, depois de sua liberação em 1790, transforma-se em mais um "cidadão" da Revolução. Duas de suas obras são levadas à cena pela prestigiosa Comédie Française. Publica *Justine ou os infortúnios da virtude*. Sade é preso novamente sob o Regime do Terror, encabeçado por Robespierre, acusado de "falso patriotismo", e está a ponto de perder a cabeça na guilhotina, assim como milhares de franceses. Outra vez em liberdade, os efeitos da publicação de *Justine* causam-lhe problemas, agora sob o governo de Napoleão Bonaparte. Devido ao escândalo, a edição de *Juliette* (apresentada como continuação de *Justine*) foi confiscada e, mais uma vez, Sade é levado à prisão, em 1801.

Da prisão, é transferido para um hospital de doentes mentais, onde permanece detido até a morte, que ocorre em 1814. Fica recluso na instituição para doentes mentais de Charenton sob o insólito diagnóstico de "demência libertina". Após ter sido um dos maiores libertinos da história, tornou-se terrivelmente gorducho quando ficou no manicômio de Charenton. Engolia quantidades descomunais de doces, massas e batatas fritas.

Vamos visitar agora, subrepticiamente, o desprezível reino literário do mal. Se o leitor quiser, pode acompanhar-nos. Para isso, temos de nos aproximar dos personagens das *120 jornadas*. Dizíamos que o divino Marquês foi encarcerado na Bastilha, onde confeccionou um rolo de 12,1 m de cumprimento sobre o qual escreveu, com letra microscópica e pelos dois lados, o delírio lúbrico de Sodoma em 37 dias do ano de 1785.

Os quatro protagonistas de *As 120 jornadas de Sodoma* – o presidente Curval, o duque de Blangis, seu irmão bispo e o economista Durcet – pertencem à nobreza e à burguesia, que se caracterizava por seus excessos em todos os âmbitos, antes e depois da Revolução. Esses homens trancam-se no castelo de Silling, perdido na Floresta Negra, para submeter suas vítimas a cruéis vexações. Esse castelo é o local irreal que o Marquês apresenta com um entorno montanhoso que o torna intransponível. A base desta visão é talvez o castelo da La Coste, moradia de Sade durante muitos anos.

Os quatro libertinos formulam um plano para dar rédeas aos mais inimagináveis excessos sexuais e, para isso, redigem um código que ordenará suas longas sessões de desenfreio. Suas vítimas são, em primeiro lugar, suas "esposas", que são ao mesmo tempo suas filhas, isto é, a filha de um é a esposa de outro, numa amálgama incestuosa. Logo, há um grupo de moças e rapazes raptados de suas famílias. Depois, um grupo de "fornicadores" sexualmente bem dotados. Sem esquecer das horríveis senhoras sexagenárias, cozinheiras e empregadas. Por fim, quatro "historiadoras" ou cronistas, proxenetas, cujo papel é narrar as cenas de depravação que se reproduzirão logo em trabalhos práticos.

O libertino deve "colocar ordem aos prazeres", por isso Barthes disse que este "é tão desenhista quanto dieteta, arquiteto, decorador, cenógrafo etc.". A alimentação, que cumpre um dos papéis mais importantes, repara os enormes gastos de esperma produzidos pelos libertinos e restaura as vítimas para que seus donos possam dispor de corpos roliços. Por outro lado, já sabemos que também serve para alimentá-las, porque é preciso proporcionar um alimento "suave, abundante e delicado" à paixão coprofágica.

A unidade mínima da orgia é a postura, mas, ao serem combinadas, as posturas integram uma unidade superior: a operação. A participação nesta de vários atores, formando um conjunto simultâneo de posturas, denomina-se figura. Mas, ao contrário, a mudança de postura de apenas dois atores denomina-se episódio. Por último, estas operações, ao se sucederem, formam a "cena" ou a "sessão". Os cálculos fazem parte do erotismo em que tudo se enumera e se classifica, evidenciando um racionalismo mórbido: "A orgia é organizada, distribuída, mandada, vigiada, como uma sessão de oficina; sua rentabilidade é a do trabalho em cadeia", escreve Barthes. As alternativas são infinitas. O maquinário do prazer tenta não repetir nenhuma cena. O excesso sadiano não repara em opções.

Um princípio básico do pensamento criativo é que "toda valorização de uma situação é apenas uma de suas múltiplas possibilidades". Por isso, podem ser experimentadas numerosas maneiras de se fazer as coisas para solucionar um mesmo problema. Enquanto o pensamento lógico é analítico, previsível, seqüencial, avalia os processos e tende à objetividade, o pensamento criativo atribui maior importância à síntese, à originalidade, à percepção holística dos problemas, avalia os resultados e tende à subjetividade. Neste contexto, a técnica de pensamento alternativo sugere tentar numerosas possibilidades antes de afirmar qual pode ser a melhor. O pensamento lógico busca a melhor solução possível, enquanto o pensamento lateral aspira a encontrar o maior número de soluções possíveis. O pensamento lógico se detém quando encontra um resultado satisfatório; o lateral, ainda reconhecendo a qualidade do que foi conseguido, não cede em suas tentativas. Na busca de alternativas lógicas, apenas são considerados os conceitos que cabem dentro do senso comum; por outro lado, na exploração de soluções alternativas, as loucuras se dão por supostas.

Esta mesma característica tem a ver com a quantidade de soluções que um mesmo sujeito pode elaborar. Os mais criativos dão mais respostas. Esta característica da produtividade – a multiplicidade, a fluidez, o número de alternativas – é um aspecto destacado no momento de distinguir as habilidades de pensamento dos sujeitos. Os três critérios básicos para definir a capacidade criativa de uma pessoa são: a originalidade, a flexibilidade e a própria multiplicidade ou produtividade.

É evidente que Sade experimenta modelos alternativos de vida, de gozo, de escrita, como uma forma de constatação das normas estabelecidas. Nada se pode fazer só de uma forma. Não há um único modelo de família, de comida, de casa, de roupa, de sociedade... assim até a saciedade. O divino Marquês busca, com o exercício desaforado da imaginação, a provocação. Também na culinária: sua alternativa ao chocolate não pode ser entendida de outra forma.

Tudo remete ao poder do discurso. A linguagem tem a faculdade de dissociar a realidade. Comer merda permite, entre outras coisas, participar da paixão pela reciclagem tão em voga em nossa sociedade e, além disso, romper a interdição que pesa sobre a coprofagia. O elemento rejeitado do ciclo alimentar transforma-se no protagonista máximo da ficção. É, no entanto, outra vez Barthes quem descobre o engano mais evidente desta receita: "Escrita, a merda não fede".

Sortimento de delícias alternativas de chocolate: folhas de hortelã com chocolate, trufas de arroz e coco, grãos de café ao chocolate, torrada com bombons

RECEITA PARA QUATRO PESSOAS

100 g de chocolate amargo (80% cacau), 8 folhas de hortelã fresca, 2 folhas de papel-manteiga, 200 g de chocolate em barra, 60 g de creme de leite, 2 gemas de ovos, 150 g de manteiga, 50 g de arroz fervido, 50 g de chocolate jamaicano, 1 taça de cava *brut*, 8 bombons de sabores variados, 1 barra de pão de 250 g, azeite de oliva virgem, sal Maldon.

A maioria dos alimentos que compõem esta receita (hortelã, ovo, café, rum ou cava) é afrodisíaca e excitante e foi escolhida em honra ao divino Marquês.

Para as folhas de hortelã com chocolate: colocar sobre um papel-manteiga as oito folhas de hortelã, que devem ser de tamanho regular; derreter ligeiramente o chocolate amargo e colocá-lo sobre cada uma das folhas; colocar outro papel-manteiga por cima e pressionar com o dedo a fim de que o chocolate se espalhe sobre as folhas. Deixar esfriar e retirar os dois papéis-manteiga.

Para as trufas de arroz e coco: em banho-maria, derreter o chocolate em barra com um pouco de água. Quando o chocolate estiver morno, incorporar a manteiga em pedaços, o creme de leite, as gemas e o rum. Misturar até obter uma massa homogênea. Deixe esfriar na geladeira ou num lugar fresco durante toda a noite para que endureça. No dia seguinte, fazer bolinhas com a massa (as trufas), incorporando o arroz fervido e o coco ralado. Colocar as trufas outra vez na geladeira ou deixá-las num lugar fresco até o momento de servir.

Para os grãos de café ao chocolate: derreter em banho-maria o chocolate jamaicano na taça de cava e um pouco de manteiga. Colocar a mistura num prato. Pegar os grãos de café e encher a mistura com eles. Deixar esfriar até que o chocolate fique como uma camada ao redor dos grãos de café.

Para a torrada com bombons: cortar oito fatias finas de pão e torrá-las um pouco. Colocar um bombom sobre cada torrada. Colocar as torradas com o bombom sobre o *grill* do forno até que o bombom comece a se fundir. Tirar do forno e temperar com um pouco de azeite de oliva virgem e sal Maldon.

Apresentação: em cada prato, colocar no centro as torradas com bombons, ao redor, as trufas e as folhas de hortelã, e espalhados por todo o prato os grãos de café com chocolate. Acompanhar com uma taça de cava.

ENIGMA PARA A SOBREMESA

3. Vamos praticar a técnica das alternativas. Trata-se de cortar um bolo de aniversário (de chocolate, evidentemente) em oito porções, fazendo apenas três cortes. Existem no mínimo três soluções corretas.

O grau zero da gastronomia

(Menu rousseauniano)

O sabor da carne não é natural para o homem.

Rousseau

As artes e as ciências têm sido um benefício para a humanidade? A resposta negativa de Rousseau e o fato de ter obtido um prêmio com seu *Discurso sobre as ciências e as artes* no concurso de Dijon de 1750 supuseram um autêntico escândalo no seio do pensamento ilustrado.

A história é a crônica do progresso humano, segundo o dogma ilustrado. Sua primeira versão surge com Turgot, o qual afirma que as pessoas destacam-se dos animais graças à razão e a uma capacidade de decidir livremente o destino. Essas características permitem intervir na hora de configurar o futuro, tanto pessoal como coletivo, e dotá-lo de um objetivo mais bajulador que o de antecessores.

O segundo teórico do que se denominou "o mito do progresso ilustrado" é Condorcet. Em seu *Esboço de um quadro histórico do espírito humano*, sugere que a perfectibilidade das pessoas é quase infinita. Segundo esse pensador, a educação pode mudar a natureza humana para melhor, coisa da qual evidentemente duvidamos, de pessoas como Kant, que se dedicam profissionalmente, em algum momento da vida, a essa atividade.

Voltaire não foi tão otimista quando em seu *Ensaio sobre os costumes e o espírito das nações* – embora estivesse convencido de que a humanidade poderia dotar seu futuro de uma forma mais de acordo com a moralidade

– não pôde deixar de reconhecer que o esforço necessário para reduzir o domínio da ignorância e da injustiça teria de ser ímprobo.

Neste contexto, Rousseau permite-se a ousadia de criticar o progresso, além de duvidar de sua real natureza. Para Rousseau, as artes e as ciências teriam distanciado o homem da natureza, pervertendo-o. Os vícios humanos, pensa Rousseau, são a origem real das ciências e das artes: "a astronomia nasceu da superstição; a eloqüência, da ambição, do ódio, da adulação, da mentira; a geometria, da avareza; a física, de uma vã curiosidade; todas, até a moral, do orgulho humano".

Estas alegações contra a cultura desataram uma grande polêmica, a qual Rousseau respondeu com o *Discurso sobre o princípio de desigualdade entre os homens*. A tese nele contida é a parte mais conhecida do pensamento de Rousseau: o homem selvagem é bom e vive livre e feliz, enquanto o homem civilizado é mau e vive escravizado e pesaroso.

O homem primitivo vivia livre, mas um dia decidiu unir-se a seus semelhantes a fim de tentar evitar alguns dos problemas que a natureza apresenta (como as ameaças dos animais selvagens) e fundar a sociedade. Na medida em que progride nesta direção, abandona o mundo natural e começa a divisão do trabalho. A propriedade privada apresenta-se como a culminação deste processo perverso:

> O primeiro que, depois de cavar um terreno, pensou em dizer "isto é meu" e encontrou pessoas simples o bastante para dar-lhe ouvidos foi o fundador da sociedade civil. Quantos crimes, quantas guerras, quantos assassinatos, quantas misérias, quantos horrores teria evitado o gênero humano se tivesse gritado enquanto arrancava as estacas do cercado ou tapava o buraco: "Deus os guarde de ouvir este impostor, estais perdidos se esqueceis que os frutos são de todos e a terra, de ninguém".

Este ato de ofuscação desmedida desencadeou, na prática, a justificativa da escravidão humana, a história da exploração de alguns seres por outros, a destruição da natureza e a perversão do sentimento de justiça, como algum tempo depois Marx nos recordaria. E, apesar de Rousseau ter matizado suas opiniões com a passagem dos anos, nunca deixou de reivindicar, de alguma maneira, o estado de natureza no qual vivia o bom selvagem antes do surgimento da propriedade privada.

Como alguns ecologistas, que são terrivelmente urbanos e lidam muito mal com suas contradições, Rousseau não deixa de reivindicar sua Arcádia agrícola a partir da cidade. A agricultura contra a cultura. Porém, só se permite o contato com o campo através de pequenas escapadelas temporárias ou graças à comida.

Rousseau exalta os méritos das frutas e verduras e ataca os guisados. Seu ideal de refeição é descansar "perto de uma fonte, sobre a relva verde e fresca, sob os ramos de olmos e de aveleiras [...]; a mesa e a cadeira seriam o gramado; as bordas da fonte serviriam de aparador; e a sobremesa seria colhida das árvores". Escreve: "Não conheço [...] melhor comida que a de um almoço rústico. Com leite, ovos, ervas, queijo, pão moreno e vinho passável, pode-se estar bem certo de que será um obséquio".

Somente suporta algumas carnes na chapa sem adereço algum e sem sal: "O sabor da carne não é natural para o homem". Para ele, o consumo de carne é um claro expoente, como para alguns vegetarianos, de uma cultura de criminosos. Em sua genealogia da civilização, chega a estabelecer a passagem do estado frugívoro para o de carnívoro no momento da mudança do estado de natureza ao de civilização. E ao ampliarmos sua proposta, segundo a qual os alimentos configurariam o caráter das pessoas, teríamos que a carne propicia a violência, assim como as verduras incitam a paz. Nesta mesma caracterização, considera que os italianos são efeminados porque consomem muitas "hortaliças"; os ingleses, uns bárbaros porque são grandes consumidores de carne; e os franceses, flexíveis porque consomem todo tipo de pratos.

O vinho e os licores fazem parte dos produtos elaborados pelo homem e, portanto, são desprezíveis, pois não se encontram em estado puro na natureza. O consumo de álcool é uma prática civilizada e, em geral, reprovável: "Todos seríamos abstêmios se não nos tivessem dado vinho desde pequenos".

Dizíamos que, para Rousseau, a natureza não é só um alimento intelectual, mas também material, e é o espaço para onde se escapa, fugindo dos homens e de seus desígnios. De todos os lugares que conhece, o seu preferido é a ilha de Saint Pierre: "De todos os lares que conheci (e tive domicílios cativantes), nenhum me fez verdadeiramente feliz, nem me deixou uma terna saudade como a ilha de Saint Pierre, no meio do lago de Bienne".

Devaneios de um caminhante solitário, escrito entre 1776 e 1777, narra suas pequenas excursões a pé por este mítico lugar de uma forma que pouquíssimos pensadores se atreveram a praticar: o refúgio do eu na escritura. Tanto neste texto como nas *Confissões*, explica sua vida ao mesmo tempo em que revela seu inconsciente. Rousseau quer justificar suas idéias diante do mundo e escolhe o gênero autobiográfico.

Rousseau acredita que poucos viajantes fizeram justiça à beleza do lugar. A margem do lago de Bienne é mais selvagem e romântica que a do Genebra. Como não possuía boas estradas, o lugar era pouco freqüentado pelos viajantes. Porém, apesar disso, Rousseau parece encontrar seu lugar no mundo: "Somente me deixaram passar dois meses nesta ilha, mas teria estado dois anos, dois séculos, até toda a eternidade, sem aborrecer-me nenhum momento [...]".

Rousseau dedica-se a cultivar o delicioso *far niente* enquanto toma um banho, passeia, ouve os pássaros ou observa as flores. A felicidade é para ele uma doce harmonia que provoca a miragem do congelamento do tempo. Enquanto um homem não depender "de nada exterior a ele mesmo, de nada que não seja ele mesmo e sua própria existência; enquanto durar esse estado no qual se baste a si mesmo, como Deus", será feliz.

A ilha representa também para o autor o *Contrato social* uma possibilidade fidedigna de isolar-se das pessoas. Rousseau teve poucos amigos, e os poucos que teve, como Hume, foram perdidos devido a seu mau temperamento. Nenhum lugar semelhante permite-lhe "deixar de lado as visitas imprevistas e inoportunas". De maneira que tem claro que, se pudesse tornar a nascer, decidiria acabar seus dias neste lugar, sem nunca sair dele, nem buscar jamais o contato com nenhum semelhante. Parece, então, que ao final de sua vida encontra seu desejado estado de natureza no coração da Europa continental.

Ao anoitecer, depois de jantar, quando o tempo está bom, sai para dar uma volta, respirar ar puro e gozar da fresca. Repousa, ri, conversa com algum de seus raros acompanhantes, canta e se deita contente, desejando apenas que o novo dia que há de começar se pareça, como duas gotas d'água, ao que se acaba.

O efeito das alfaces – que consome em grandes quantidades – e do leite – um de seus alimentos preferidos – deixa-no em estado de letargia, que explora literariamente: "Os produtos lácteos e o açúcar são os sabores naturais do sexo e como o símbolo da inocência e da doçura que constituem seu mais apreciado adorno". O triptofano, que é um componente desses alimentos, ao mesmo tempo tão próximos e tão distantes, faz seu consabido efeito narcotizante.

Os delírios permitem ao autor explorar o nível intermediário entre o sonho e a vigília, tão produtivo para alguns criadores. O pensamento perde agressividade e desliza pela superfície das coisas. Nunca pode ser exaustivo. Pensar, desta maneira, comporta pouco esforço, o mesmo requerido para sonhar ou à prática da fantasia.

A insônia abre a porta dos sentidos e liberta da bigorna da percepção ordinária. O mundo muda para aquele que pratica este tipo de letargia. As coisas menores e insignificantes adquirem um papel protagonista que nunca tiveram até esse instante, enquanto as que haviam focalizado nossa atenção desaparecem do horizonte sem que ninguém saiba por quê.

O pensamento avança à deriva entre um mar de interrogações. Dá a si próprio um tempo. Nada o apressa. O tempo passa rápido apesar de que se perde a noção dele. Uma estranha força apodera-se do protagonista desta ficção. Acredita ter o mundo a seus pés. Há de ser cauto. As exaltações de poder costumam deixar um rastro de vítimas, começando pelas mais próximas.

O paradoxo mais evidente deste estado de graça é que, embora se vejam reduzidas nossas capacidades intelectuais, nada parece ficar demasiado longe de nosso alcance. Ainda que não possamos nos concentrar, nunca estivemos tão perto de algo. O mundo encolhe-se ao tornar-se estranhamente acolhedor.

Tecnicamente, poder-se-ia comparar este método ao chamado *relax* imaginativo. Nele, a força da imaginação suplanta a realidade, o que confirma a convicção de Solomon, segundo a qual a recreação fantástica de uma ação em certos contextos de aprendizagem é tão eficaz como a própria experiência das coisas. Este sistema requer um relaxamento muscular prévio, que pode ser obtido mediante exercícios respiratórios ou mentais e num contexto prazeroso, ao menos como o que descreve Rousseau.

Uma das qualidades mais evidentes dessa espécie de experiência extática é que pode revelar um projeto, o caos original que habitualmente é o responsável pela criação de novos universos. Não é uma sensação estranha para Rousseau. Numa tarde quente em outubro de 1749, ao ver o anúncio do prêmio da academia de Dijon, revelou-se, graças aos delírios em que se viu imbuído no caminho a Vincennes, a idéia de uma obra literária que o catapultaria para o palco da fama.

Flã de castanhas com mel

RECEITA PARA QUATRO PESSOAS

250 g de castanhas, mel, 2 ovos, 4 castanhas naturais com sua proteção pontiaguda, 250 ml de leite, açúcar, manteiga e chantili.

Rousseau amava a natureza e apreciava os alimentos que pudessem ser encontrados em plena floresta. Ao mesmo tempo, valorizava o poder do leite e das alfaces para incentivar a sonolência, que abre a porta aos sonhos. Os ingredientes desta receita podem ser encontrados diretamente na natureza, como as castanhas, o mel, o leite e os ovos, que, com a ajuda do fogo, dão lugar a uma doce sobremesa que Rousseau pode ter apreciado sob os álamos, à margem da ilha de Saint Pierre.

Fazer um pequeno corte nas castanhas e cozinhá-las numa frigideira, colocada diretamente sobre o fogo. Quando estiverem prontas, retirá-las e descascá-las. Colocar as castanhas numa caçarola, cobri-las com leite e cozinhá-las a fogo lento para que amoleçam e, ao mesmo tempo, absorvam leite. Quando estiverem tenras, prensá-las até as transformar num purê fino.

Levar o purê de castanhas ao fogo com um pouco de manteiga e acrescentar lentamente o leite restante. Mel a gosto e duas gemas de ovos, uma de cada vez. Deixar esfriar. Bater as claras dos ovos em neve e incorporá-las ao purê que já está preparado. Colocar esta mistura em várias formas de flã untadas com açúcar caramelizado. Colocar os recipientes em banho-maria no forno até que a sobremesa esteja cozida.

APRESENTAÇÃO: verter o conteúdo de cada recipiente num prato, de modo que o flã de castanhas fique no centro; adornar ao redor com chantili recoberto de mel. Por cima de cada flã, colocar uma castanha natural inteira, com sua proteção de espinhos. É preciso explicar o simbolismo da castanha antes de comer o flã: os espinhos e a pele exterior simbolizam a sociedade que envolve e perverte o ser humano, ao mesmo tempo em que o protege. No interior está a castanha, branca e pura, como é o homem em estado natural antes de ser pervertido pela sociedade. Agora já podemos comer o flã.

ENIGMA PARA A SOBREMESA

4. Um jardineiro vegetariano que venera o legado rousseauniano recebe o encargo de plantar quatro frutas atendendo a uma única condição: entre todas elas deve haver a mesma distância. Como pode fazê-lo?

SALGADO

Observatório de cozinha

(MENU ILUSTRADO)

Bebe-se quando se tem sede,
come-se quando se tem fome.

LA METTRIE

A colher já era conhecida pelos antigos egípcios. Na Idade Média, existiam colheres de madeira e também de ouro e prata, porém não eram muito usadas até o final desse período. O garfo passou da Itália a outros países europeus no transcurso da Idade Moderna, mas sua difusão foi lenta. Na França, já era utilizado no século XVI, embora não fosse do gosto da nobreza. A aversão das classes nobres a esse utensílio de mesa não remeteu, contudo, até a segunda metade do século XVII. Muito mais rápida entre as classes altas foi a difusão do prato, que a partir do século XVI substituiu as tábuas de madeira usadas na Idade Média.

As pessoas que se ocupavam da alimentação, pelo menos no início da Idade Moderna, e em particular dentro das melhores casas, além de serem do sexo masculino, também eram de classes sociais mais altas. Até o século XVIII, as mulheres não trabalhavam na cozinha das classes superiores.

Foi precisamente no século XVIII que a cozinha francesa, um modelo para toda a Europa, desenvolveu uma nova sensibilidade pelo natural, muito do gosto de Rousseau. O primeiro livro francês dirigido às mulheres – *La cuisiniere bourgeoise* –, publicado em 1746, foi escrito por Menon e chegou a ser um dos livros de receitas mais vendidos da época: em pouco mais de cinqüenta anos alcançou 62 edições, com 93 mil exemplares no total.

Em apenas um século, na França, o *dîner* atrasou-se oito horas, das dez da manhã às seis da tarde. Porém não foi apenas nesse país que os ricos passaram a comer cada vez mais tarde. Na Inglaterra do século XVI, almoçava-se às onze, e já em meados do século XVIII, às duas da tarde. Os mais mundanos o faziam às cinco e jantavam por volta da meia-noite.

A cadeia do ser tinha sua correspondência na cadeia alimentar. Os quatro elementos primordiais – terra, água, ar e fogo – associavam-se a diferentes alimentos. Por exemplo, acreditava-se que tanto as árvores como os bulbos pertenciam ao reino da terra. Por esse motivo, as aves eram consideradas próprias dos príncipes, porque se relacionavam com o céu e, em última instância, com Deus. Por sua vez, a carne de porco, animal que chafurda na lama, ou os nabos, que crescem debaixo da terra, eram associados aos camponeses.

No século XVIII, generalizou-se o hábito francês de servir-se de numerosas bandejas que se situavam no centro da mesa. Em 1742, Massialot, em *O novo cozinheiro real e burguês*, trazia uma planta de mesa com sete pratos por serviço, para uma refeição entre seis e oito talheres, o que num jantar de três serviços somava um total de 21 pratos; e para uma mesa de 20 a 25 talheres, propunha que se servissem 27 pratos, isto é, 81 pratos entre os três serviços.

No entanto, não é que os franceses de antigamente fossem glutões. A maioria dos comensais conformava-se em se servir de um dos pratos colocados perto deles. Porém, tinham muito mais possibilidades de escolha que nós, sem incorrer em falta de cortesia, e podiam pedir que lhes passassem os pratos que estavam noutro extremo da mesa. Somente as classes médias e altas comiam pão branco todos os dias; os demais comiam pão duro.

Na França, assim como na metade da Europa, a utilização das especiarias orientais foi, durante os séculos XV e XVI, um dos principais traços distintivos da cozinha aristocrática. Assim, a partir do século XVIII, reivindicam-se os condimentos e as plantas aromáticas autóctones: cerefólio, estragão, alfavaca e, sobretudo, tomilho e louro.

O açúcar, de origem indiana, já era conhecido, mas no início apenas era usado em farmácia. Foi precisamente no século XVIII que ele saiu das prateleiras dos boticários. Da Ásia chegou também a moda do café, que a partir da segunda metade do século XVII deu origem a novos modos e novas formas de vida social. Em Londres, a moda dos cafés fez sucesso entre os homens, posto que as mulheres firmaram um manifesto contra eles. As bebidas alcoólicas mais comuns eram o vinho e a cerveja. O vinho era bebido em especial na Europa mediterrânea, embora fosse apreciado pelas classes altas de todo o continente.

A *Enciclopédia*[*] dedica à *gourmandise* um artigo extremamente longo, no qual a defende como "o amor refinado e desordenado à boa comida" e a desenvolve em duas colunas, com exemplos retirados da Antiguidade. A *Enciclopédia* apresenta a gula como um efeito do luxo, que ocasiona a decadência dos impérios e que marca o tempo da redação da obra magna que tenta ser um compêndio de todos os saberes.

A vida de um dos representantes mais destacados da Ilustração, Jilien Offray de La Mettrie, é um claro exemplo disso. Nascido em Saint-Malo em 1709 no seio de uma família burguesa que se dedicava ao comércio, realizou seus primeiros estudos de humanidades nos colégios de Caen e Coutance. Em 1725, tinha mudado o rumo de sua vida acadêmica e encontrava-se matriculado no colégio da Harcourt, fazendo um curso de física. Nessa época, aconselhado pelo médico Hinauld, decide iniciar os estudos de medicina, em 1728 na faculdade de medicina de Reims. Ao terminar o curso, transfere-se para Paris, onde permanece até completar sua formação, em 1733, ano em que viaja a Leiden para realizar a prática

---

* Obra editada, em 1772, por Jean le Rond d'Alambert e Denis Diderot. (Nota da edição brasileira.)

correspondente. Em 1734, escreve sua primeira obra. No ano seguinte, regressa a Saint-Malo, onde exerce sua profissão e dedica-se também à tradução.

Movido por suas inquietudes intelectuais, abandona de novo sua cidade natal para dirigir-se a Paris, onde começa a trabalhar a serviço do conde Grammont, que o nomeia cirurgião da guarda francesa. Nesta época, tem a grande revelação que marcará seu trabalho filosófico: em meio a um ataque de febre amarela contraída na batalha de Fontenoy, concebe imagens que se alternam sem seguir nenhuma ordem, produto da doença que afeta seu corpo. Uma vez restabelecido, compreende que a concepção da alma independente do corpo não é mais que uma fantasia, já que todas as funções mentais correspondem a estados corporais.

A primeira obra na qual expõe este pensamento intitula-se *História natural da alma*, publicada em 1745 como uma tradução do inglês feita por Charp. Neste primeiro livro, aborda a definição da matéria a partir da extensão e do movimento, considerando que ela tem a capacidade de se deslocar por si mesma, para chegar à conclusão de que todas as faculdades atribuídas à alma razoável não tornam necessárias a existência de uma alma espiritual.

Este livro é recebido por seus contemporâneos como uma obra de heresia, fazendo com que La Mettrie seja perseguido. Vê-se, assim, obrigado a deixar seu posto de médico da guarda francesa e tem de fugir a Flandres. Esse contratempo não diminui sua produção intelectual, e La Mettrie passa a apontar sua pena contra os companheiros de profissão: "Que vergonha servir-se, como fazem tantos médicos, de regras hipotéticas, desmentidas pela experiência e pela razão, regras desafortunadas de um cérebro alterado, que todos os dias cobram a vida de tantos homens".

Apesar de ter ganhado amplamente a inimizade manifesta de seus colegas, La Mettrie não fica satisfeito e continua escrevendo. É o momento em que redige *O homem máquina*, que aparece de forma anônima em Leiden, em 1747 (em conseqüência disso, torna-se conhecido com o epíteto de Monsieur Machine). O livro é condenado e queimado publicamente na praça de Haia, e seu autor tem de pedir asilo na corte de Frederico II da Prússia.

Ali encontra refúgio para redigir o restante de seus livros. Trata-se de uma produção não muito extensa – dez obras –, embora o seja, se considerarmos os poucos anos empregados em escrevê-la. Após *O homem máquina*, segue-se *O homem planta*, publicado em Postdam em 1748, seguido de *Anti-Sêneca ou discurso sobre a felicidade*.

Parece não existir nenhuma opinião favorável a La Mettrie por parte de seus contemporâneos. As mais abomináveis são a de Voltaire, que o tacha de "ímpio, vicioso e louco", e a de Diderot, que o considera um autor "sem juízo [...] com a cabeça perturbada". Apesar disso, seu pensamento propaga-se rapidamente, chegando ainda com força à nossa época.

A idéia fundamental do pensamento de La Mettrie é o materialismo. Durante os séculos XVII e XVIII, havia a convicção de que o universo tinha suas próprias leis físicas e funcionava, de acordo com elas, de maneira autônoma. Entretanto, na maioria dos casos, pensava-se que existia uma inteligência prévia responsável pela organização do mundo. A concepção materialista da origem da vida nega esta versão e elimina a idéia do sumo fazedor, ou seja, não há um sujeito prévio, nem um plano previsto, existindo apenas a matéria cega, que tem capacidade de movimento e de transformar a si mesma e deslocar-se ao acaso. Esta convicção tiveram em diferentes épocas autores como Hobbes, D'Holbach, Leopardi ou Nietzsche.

O homem máquina também serve para fundamentar seu método de trabalho. La Mettrie, em seu estudo, opta por basear suas afirmações na observação e na experiência. Desse modo, opõe-se a um tipo de investigação conhecida, em seu tempo, como "sistema". Esse conceito faz referência, no Século das Luzes, a uma construção intelectual que parte de certas suposições ou princípios dos quais derivam logicamente algumas conseqüências. O termo expressa tanto a explicação proveniente de algumas hipóteses prévias como a teoria meramente especulativa.

A prática da observação não é fácil, já que, habitualmente, não se permite ao observador a liberdade de ver, porque ou é obrigado a vislumbrar uma coisa que não existe ou lhe é negada a possibilidade de perceber a existência de algo que aos olhos de seus contemporâneos é incerto. A insistência em afirmar a existência da alma no século XVIII ou a negação dos esquadrinhamentos de meteoritos de Tyco Brahe, um grande observador, negados em sua época devido às convicções aristotélicas que imperavam, ilustram com sobra esta proposição.

La Mettrie, formado na tradição empirista, colide de frente com estes supostos mais próprios do racionalismo. Os sistemas partem de proposições verdadeiras supostamente evidentes por si mesmas. Nada há mais abstruso para um empirista, sendo este o modo de operar de um grande número de reconhecidos pensadores, como Descartes, Leibniz ou Spinoza.

La Mettrie afirma categoricamente:

> Assim, a experiência e a observação são as únicas que poderão aqui nos guiar. Há um sem-número nos registros médicos que foram filósofos, e não nos filósofos que não foram médicos. Estes percorreram e iluminaram o labirinto do homem; só eles nos desvelaram esses propulsores ocultos sob envoltórios, que nos arrebatam com um olhar tantas maravilhas. Somente eles, contemplando tranqüilamente nossa alma, surpreenderam-na mil vezes, em sua miséria e em sua grandeza, sem despedi-la mais num de seus estados do que admiram no outro. Insisto uma vez mais: esses são os únicos físicos que têm o direito de falar neste ponto.

Para nosso médico, ninguém mais estará autorizado a falar sobre este e outros assuntos tão estimulantes, e todas as investigações que os filósofos fizeram *a priori*, na opinião de La Mettrie, são vãs. Apenas existe saber *a posteriori*, obtido com a fundamentação de nossas opiniões na observação e na experiência.

Da observação e da experiência extrai o filósofo de Saint-Malo suas contundentes propostas sobre a alma:

> Os diversos estados da alma são, então, sempre correlativos aos do corpo. Porém, para demonstrar melhor toda esta dependência e suas causas, sirvamo-nos aqui da anatomia comparada; abramos as entranhas do homem e dos animais.

La Mettrie sustenta que a transição dos animais ao homem não é violenta e que são mais abundantes as coincidências que as diferenças.

Também derivam dessa mesma idéia materialista as opiniões que encontramos no livro sobre a comida:

> A carne crua corresponde aos animais ferozes, os homens também o seriam com o mesmo alimento; isso é tão verdadeiro que a nação inglesa, que não come a carne tão bem-passada como nós, preferindo-a sangrenta, parece participar dessa ferocidade, em maior ou menor proporção, que em parte procede desses alimentos e de outras causas, que só a educação pode tornar impotentes. Esta ferocidade produz na alma o orgulho, o ódio, o desprezo pelas outras nações, a indocilidade e outros sentimentos que depravam o caráter do mesmo modo que os alimentos burdos produzem um espírito pesado, espesso, cujos atributos favoritos são a preguiça e a indolência.

A comida determina não só o caráter das pessoas, mas também o de todo um povo. Contudo, essa discussão não acaba aqui, já que La Mettrie também se atreve a propor uma dieta ilustrada:

> O regime que convém ao corpo é sempre por aquele que os médicos sensatos afirmam que se deve começar, quando se trata de formar a mente, de elevá-la ao conhecimento da verdade e da virtude; vãos ruídos na desordem das doenças e do tumulto dos sentidos! Sem os preceitos da higiene, Epíteto, Sócrates, Platão etc. pregam em vão: toda moral é infrutífera para alguém que não teve a sorte da sobriedade, esta é a fonte de todas as virtudes, bem como a intemperança o é de todos os vícios.

Em definitivo, parece reivindicar uma moderação e um equilíbrio clássicos, dos quais ele não deu nenhum exemplo tutelado pelos médicos. Porém, isto também é uma das constantes da filosofia, uma vez que o divórcio entre a teoria e a prática não é salvável para o pensamento moderno.

Em *Anti-Sêneca ou discurso sobre a felicidade,* abundará a mesma idéia: "A felicidade que depende da organização é a mais constante e a mais difícil de provocar. Necessita de poucos alimentos e é o melhor presente da natureza". Nesta obra, apresentará a felicidade como um estado prazeroso que depende do equilíbrio do corpo: "Sonhar com o corpo antes do que com a alma é imitar a natureza, a qual fez uma coisa antes da outra: que outro guia mais certo! Não é, por acaso, seguir o instinto dos homens e dos animais?". A comida será importante para se atingir esse objetivo, sendo esta a razão para que a antropofagia não repugne a consciência:

> Vamos agora a alguns fatos indiscutíveis. Aqueles que, encontrando-se a ponto de morrer de fome, comem aquele de seus companheiros que a sorte sacrifica não têm mais arrependimentos que os antropófagos. Tal é o hábito, tal é a necessidade, e por isso tudo está permitido.

Entretanto, não só de pão vive o homem: "A liberdade de satisfazer um gosto dominante não basta, no entanto, para ser feliz. Restam muitos outros vazios, muitas outras necessidades a serem aplacadas". A imaginação faz-nos crer em necessidades fictícias: "não tomemos por necessidades os desejos de uma imaginação que gosta de se irritar, e haverá menos gulosos, menos bêbados e menos voluptuosos, mas vamos dar à natureza o que pertence à natureza. Bebe-se quando se tem sede, come-se quando se tem fome".

"Como não estaria em todas as festas e banquetes?", pergunta-se La Mettrie. "A alegria sorri aos comensais, regozijando-os, sentada com aqueles que, por sua vez, fazem circular nas reuniões e de alguma forma saborear e beber a grandes tragos diferentes vinhos deliciosos." Acaba a obra com um breviário contundente: "Enfim, posto que não possui outros recursos, tira partido deles: bebe, come, dorme, ronca, sonha e, se alguma vez pensa, que seja entre vinho e vinho, e sempre no prazer do momento presente ou no desejo adiado para a hora seguinte". Parece que, neste ponto, sim, predicou, de sobra, com o exemplo.

Na noite do dia 10 de novembro de 1751, *milord* Tyconnel convidou La Mettrie para jantar. Ele, como era seu costume, comeu, riu e divertiu-se até não agüentar mais. Embora tivesse saciado o apetite com fartura, comeu um patê de faisão que estava em mau estado – embora Voltaire tenha ratificado, dizendo que se tratava de patê de águia. Na manhã seguinte, morreu. Seus dotes de observador tinham sucumbido diante do cultivo das paixões do corpo e da avidez da comida.

Três delícias de patês: patê de javali, patê de peru e terrina de foie

RECEITA PARA MUITO MAIS DE QUATRO PESSOAS, PORÉM O PRATO PODE SER COMIDO APENAS ENTRE QUATRO PESSOAS, NUMA NOITADA LONGA E DENSA

TERRINA DE *FOIE*: 250 g de fígado de pato, 50 g de chalota, 1 colher de conhaque, 1 colher de vinho do Porto, pimenta, um pouco de gordura de pato e toucinho.

PATÊ DE PERU: 800 g de carne de peru, 200 g de fígado de ave, manteiga, 2 cebolas, 2 dentes de alho, 1 colher de estragão, 5 bagas de zimbro, 2 folhas de louro, 200 ml de vinho tinto, sal e pimenta.

PATÊ DE JAVALI: 250 g de lombo de javali, 1 kg de carne de salsicha, 150 g de bacon defumado em fatias, louro, sal, pimenta, 1 copo de conhaque e 1 copo de molho.

PARA O MOLHO: 250 ml de vinagre, 2 cebolas, 1 cenoura, tomilho, louro, zimbro, cravo-da-índia, 2 colheres de azeite de oliva.

A *gourmandise* mais refinada reflete-se na invenção dos patês: uma delicada e complexa mistura de sabores, amplamente elaborada a partir da técnica de banho-maria. Os patês possuem uma base materialista fundamentada na observação do efeito produzido pela água fervente transmitida a outro recipiente. Além disso, o patê também pode ser comido lentamente, durante todo o jantar, porque não é necessário que esteja quente. Para melhorar a receita, propomos três tipos de patês, que se comem na seguinte ordem: primeiro o de *foie*, logo o de peru, depois o de javali, e assim sucessivamente. Por respeito à memória de La Mettrie, esqueceremos, por esta vez, o delicioso patê de faisão.

Terrina de foie: forre uma forma pequena com toucinho. Numa frigideira, coloque a gordura de pato e a chalota picada. Quando começarem a amolecer, coloque o fígado em pedaços, mexa um pouco e acrescente o conhaque, o vinho do Porto e a pimenta. Quando tudo estiver ligado, coloque tudo na *terrina* com a toucinho. Aqueça o forno e coloque a *terrina* em banho-maria por quinze minutos. Espere esfriar e o deixe repousar num lugar fresco durante um dia inteiro.

Patê de peru: limpe os fígados de ave e o fígado de peru e corte juntamente com a carne de peru. Refogue ligeiramente a manteiga, a cebola e os alhos picados. Quando começar a dourar, acrescente a carne de peru, os fígados e o vinho. Coloque sal e pimenta. Acrescente o estragão cortado fino, o zimbro, um pouco de água e um pouco de manteiga. Quando tudo estiver misturado, deposite numa *terrina* com as folhas de louro por cima e leve ao forno em banho-maria por duas horas. Deixe esfriar e repousar um dia antes de servir.

Terrina de javali: doure as cebolas e a cenoura em azeite, e acrescente tomilho, louro, cravo, zimbro e vinagre. Deixe esfriar e cubra a carne de javali com este molho, deixando-o durante 24 horas. Corte o javali com o molho em tiras e tempere com sal e pimenta. Forre uma forma com bacon e coloque uma camada de javali, outra de carne de salsicha por cima, e assim sucessivamente. Regue com o líquido do molho e o conhaque. Cubra a *terrina* com uma camada de bacon e coloque-a em banho-maria por duas horas e meia.

APRESENTAÇÃO: corte em tiras os três patês, quando estiverem frios, e disponha-os sobre o prato. Acompanhe com uma salada de sete folhas diferentes, segundo a temporada, e com três vinhos: branco de Sauternes (para a terrina de *foie*), *rosé* elaborado com merlot (para o peru) e tinto elaborado com cabernet sauvignon (para o patê de javali).

ENIGMA PARA A SOBREMESA

5. O patê era um dos pratos preferidos de La Mettrie e foi a causa mais determinante de sua ruína, no mínimo a física. Conhecendo sua preferência culinária, um amigo lhe propõe a seguinte brincadeira e lhe assegura que, se acertar, poderá levar como prêmio a matéria-prima do problema para elaborar um suculento cardápio. O problema é o seguinte: com o mínimo possível de exemplares, é preciso conseguir a seguinte distribuição de aves: dois gansos na frente de outros dois; dois gansos atrás de outros dois e dois gansos ao lado de outros dois.

A indução congelada

(Menu baconiano)

Realmente penso que o fato de seu irmão ter um estô-
mago tão preguiçoso para digerir deva-se em grande
parte, e acentuou-se, por ir à cama a destempo e logo
passar o tempo meditando nescio quid *(qualquer bo-*
bagem) em vez de dormir.

Lady Bacon[1]

Francis Bacon costumava repetir que, para ir por um bom caminho, a filosofia deveria obedecer ao mandato bíblico e transformar-se numa criança. Com isso, queria dizer que era necessário deixar de lado a cultura livresca e olhar as coisas sem preconceitos. Bacon desejava que os homens estivessem de novo em contato direto com a natureza, para que vissem as coisas com olhos puros, não contaminados.

Ao avançar nessa direção, Bacon rompia drasticamente com toda a tradição do saber. A experiência é a única fonte do conhecimento que reconhece como soberana, porém entendida num sentido muito amplo. Hoje em dia temos uma consideração mais restrita da experimentação. Bacon a entendia com relação a todo tipo de processos que interagem com a natureza: os processos industriais, as artes e ofícios e a manufatura.

---

[1] Carta de Lady Bacon, mãe de Francis, a seu irmão.

Não pensava que a lógica aristotélica fosse errônea em si mesma, mas, sim, que estava mal-orientada e não podia contribuir para ajudar a ciência na encruzilhada em que se encontrava. O modo supremo de relação com a natureza que nos induz a filosofia aristotélica é a contemplação. A matéria-prima para a filosofia ativa de Bacon só podia ser obtida mediante o exame da ação do homem sobre a natureza.

Essa ruptura com a tradição filosófica implica em uma mudança de atitude com respeito à pergunta que define o desenvolvimento do pensamento ocidental desde seu início: o que é a verdade? Bacon não se preocupa se os sentidos nos enganam ou não, se a verdade é relativa ou universal, se existem dúvidas razoáveis que façam frustrar nossas convicções. Considera estas matizações secundárias próprias de ociosos que não entenderam o verdadeiro objetivo do cultivo do saber. A ciência deve colaborar para melhorar a vida das pessoas. Tudo o que possa contribuir para isso é bem-vindo; o que caminhar em outro sentido, prescindível.

Bacon chega a qualificar Aristóteles de miserável sofista; a sua lógica, de manual de loucura; a sua metafísica, de superestrutura de teias erigida sobre poucos fundamentos reais. A linguagem que emprega para referir-se a Platão é inclusive mais cruel, como a reproduzimos literalmente:

> Que seja Platão o seguinte a ser convocado ante o tribunal, esse engenhoso detrator, esse poeta convencido, esse teólogo enganado. Tua filosofia, Platão, não foi senão retalhos de informação de segunda mão, polidos e ensartados. Tua sabedoria foi uma ficção realizada mediante uma afetação de ignorância. Tentaste as mentes humanas, mediante induções vagas, mas nunca foste capaz de levá-las para além das incertezas. Mas pelo menos tiveste o mérito de trazer temas para as conversas da sobremesa dos homens de cultura e experiência e inclusive o de acrescentar elegância e encanto às conversas cotidianas. Entretanto, quando afirmaste que a verdade é, por assim dizer, o habitante nativo da mente humana e não vem de fora para estabelecer sua morada ali; quando apartaste nos-

sas mentes da observação e das coisas, ao que é impossível que pudessem ser nunca suficientemente atentas e obedientes; quando nos ensinaste a recolher nossas mentes para dentro e a nos arrastar diante de nossos próprios ídolos confusos e cegos sob o nome de filosofia contemplativa; então verdadeiramente nos desfechaste um golpe mortal. Não poderíamos esquecer tampouco que cometeste um pecado apenas menor, quando deificaste tua estupidez e tomaste a liberdade de apontar teus desprezíveis pensamentos com o pontal da religião.

Em *Novum Organum ou Instruções para a interpretação da natureza*, deixa claro qual há de ser o proceder das pessoas que queiram se aproximar da natureza e sentar as bases de um verdadeiro conhecimento. A lógica de Bacon encontra-se nas duas partes desse trabalho.

O primeiro livro abre-se com o mais famoso de todos os aforismos: "O homem ajuda e interpreta a natureza. Somente pode atuar e entender, enquanto e logo que tenha observado a ordem da natureza, de uma maneira prática ou teórica. Fora disso, não possui conhecimento ou poder". Devemos aprender da natureza. A essência da história humana é o registro desta interação com a natureza. O estilo aforístico fragmentário do *Novum Organum* faz com que a obra tenha uma força contundente, que às vezes tende a dificultar a conexão entre cada uma de suas partes.

A seguir estão algumas reflexões sobre a linguagem científica. As noções lógicas – como substância, qualidade, ação, paixão, essência – não são consistentes; muito menos o são as noções físicas, tais como pesado, ligeiro, denso, raro, úmido, seco, geração, corrupção atração, repulsão, elemento, matéria: todas são fantásticas e estão mal definidas, segundo o autor.

Bacon justifica esta cristalização, em forma de conceitos, dos erros humanos a partir de sua famosa teoria dos quatro ídolos. Por ídolos entendem-se idéias falsas, ou mais precisamente tipos de idéias, na mente, que atuam como obstáculos para alcançar a verdade. Chama a primeira classe de ídolos da tribo, que encontram seu próprio fundamento na natureza humana. Os sentidos das pessoas condicionam sua percepção da realidade, deformando os objetos em função dos preconceitos do observador. A segunda classe são os ídolos da caverna, que consiste nas idéias errôneas das pessoas, derivadas de sua herança e de seu meio. A educação, os livros e a família determinam nossa maneira de entender as coisas. Em terceiro lugar, estão os ídolos do mercado. As palavras são o meio pelo qual nos comunicamos. Porém, os conceitos nem sempre estão bem-definidos, como pudemos ver, com o que nos encontramos muitas vezes sem saber realmente de que estamos falando. Bacon é pessimista: quanto mais carente de sentido for uma palavra, mais conhecida ela é. Por último estão os ídolos que "imigraram" às mentes humanas a partir de dogmas filosóficos. Chama a estes de ídolos do teatro, porque, a seu ver, os sistemas filosóficos anteriores são puro drama.

A conclusão é resumida por Bacon da seguinte forma:

> Isto quanto aos vários tipos de ídolos e seu séquito. Deve-se renunciar a todos e todos devem ser repudiados, com uma firme e solene determinação, e o entendimento completamente liberado e purificado. A entrada do Reino do Homem fundamentado nas ciências não é muito diferente à entrada do Reino dos Céus, que ninguém pode cruzar exceto como uma criança.

As falsas filosofias ou as falsas ciências podem ser reconhecidas por certos traços externos, os quais Bacon chama de signos. As particularidades deste tipo de proposição são seis: o lugar de surgimento, a cronologia, sua incapacidade para dar frutos, sua incapacidade de desenvolvimento, o testemunho dos próprios filósofos sobre a inutilidade de suas teorias para a ação e a diversidade de opiniões que suscitam, que nunca põem um fim às disputas. Bacon atreve-se a propor, inclusive, uma última característica incontestável: nada que não seja fundamentalmente intranscendente pode ser amplamente aceito.

Não devemos estranhar que o estudo da natureza não faça nenhum progresso, já que a experiência não só é menosprezada ou maltratada, mas inclusive rejeitada com desdém. Isso pode ser visto mesmo no âmbito cotidiano, quando as lições dos mestres das escolas ainda se baseiam nas aulas magistrais e nos comentários de texto, em vez de atender a um dos requerimentos fundamentais da pedagogia moderna: aprender na prática.

Uma vez tratados os signos e as causas da corrupção das ciências, Bacon passa a enumerar os motivos para ter esperança. E, neste ponto, coloca-se, imodestamente, ele mesmo, como exemplo:

> Os homens devem obter esperança com base em meu próprio caso [...].
> Os homens começarão a ser conscientes de sua própria força apenas quando, em lugar de se dedicarem muitos à mesma coisa, se ocupe cada um de uma coisa diferente.

Como vimos, o primeiro livro do *Novum Organum* dedica-se à crítica dos sistemas anteriores, que o autor chama de "parte destrutiva". A apresentação de seu método próprio é deixada para a segunda parte. Bacon passa a analisar os tipos de exemplos que podemos utilizar para demonstrar algo. O exemplo, como argumentação, tem uma estrutura indutiva, e quanto mais exemplos forem dados, mais forte é o razoamento. Há a generalização graças à soma dos casos particulares.

No total, discute 26 grupos de exemplos. À parte de seu grande esforço de categorização, não é menos destacável o valor literário das atraentes denominações dos mesmos. Entende por exemplos solitários aqueles fenômenos os quais se libera da associação com outros casos que não nos permitem percebê-los com clareza. Os exemplos decisivos são observações que nos permitem decidir entre teorias rivais. Os exemplos óbvios, como indica seu nome, ressaltam a parte mais evidente da argumentação. Sob o título de exemplos conformes, apresenta-nos analogias entre coisas naturais e artificiais. Os exemplos próximos são os relacionados a casos fronteiriços. Sob o estranho título de exemplos da cerca, trata dos auxílios instrumentais (os óculos, a lupa, o telescópio) para os sentidos. Outra seção, a dos exemplos substituíveis, destaca a importância das experiências na pesquisa.

Bacon, com seu método, insistirá na indução desde um grau baixo de generalidade até as afirmações mais inclusivas. Segundo esta mesma proposta, as observações darão passagem às correlações, e estas, mediante a aplicação do método de exclusão, às formas. Na linguagem rançosa da filosofia mais rebuscada, a história natural proporcionará os casos de estudo à física, e esta selecionará os mais problemáticos para que sejam tratados pela metafísica, entendida num sentido muito moderno.

Bacon, juntamente com Galileu, é o pai do método hipotético dedutivo, que marcará o desenvolvimento da ciência moderna. Herdeiro das reflexões dos filósofos medievais Roberto Grosseteste, Roger Bacon e Occam, tem clara consciência, desde o primeiro momento, de estar trabalhando numa alternativa à proposta aristotélica. Até o título da obra – *Novum Organum* – faz referência a isso, ao indicar que se pretende substituir o *órganon* aristotélico.

Francis Bacon nasceu no dia 22 de janeiro de 1561 no seio de uma abastada família que vivia de rendas. Sua mãe, uma mulher de grande cultura – latim, grego e hebraico eram suas especialidades –, é a segunda esposa de sir Nicholas. O casamento produziu dois filhos: o irmão de Francis Bacon, Anthony, é dois anos mais velho que ele.

Francis ingressa no Trinity College em abril de 1573, ainda muito jovem. Faltava-lhe um mês para completar 15 anos quando concluiu os estudos. O doutor William Rawley, seu secretário particular, que redigiu uma breve biografia sobre ele, escreveu sobre essa época:

Enquanto residia na universidade, aos 16 anos aproximadamente (como sua senhoria fez por bem comunicar-me), começou a desagradar-lhe a filosofia de Aristóteles; não por falta de mérito do autor, a quem sempre atribuiria grandes qualidades, mas pelo seu método infrutífero; era uma filosofia (como costumava dizer sua senhoria) boa apenas para debates e disputas, mas estéril para produzir obras em proveito da vida humana, idéia com a qual continuou até o dia de sua morte.

A casa familiar dos Bacon, situada em Gorhambury, fora construída quando Francis era apenas um garoto. Sobre a chaminé, na sala de jantar, Nicholas, seu pai, tinha um quadro que apresentava a deusa Ceres semeando grãos nos campos. Seu grande interesse pela agricultura tinha a ver com a economia básica da família, bem como com a alimentação da época.

A ruptura da unidade religiosa causada pela Reforma teve conseqüências também no âmbito da alimentação. Os protestantes e os anglicanos rejeitaram as normas dietéticas da Igreja romana, que impunha muitos dias de abstinência, nos quais apenas se podia comer peixe, óleos vegetais e verduras. Assim, reavivaram-se as velhas diferenças entre o norte voraz e carnívoro e o sul frugal e vegetariano. O consumo de peixe havia diminuído na Inglaterra, de onde desapareceria o óleo, substituído a partir do século XVII pela manteiga. Assim teve início a moda dos molhos cremosos entre as classes altas e médias.

Em meados do século XVI, a dieta da Inglaterra era carnívora. Os Bacon aproveitavam a localização de seu domicílio para prover-se de capturas frescas de caça, com preferência por faisões, perdizes, cervos e javalis. Seus concidadãos mais pobres tinham de se conformar com a carne ovina e suína. Naquela época, cozinhar requeria três ou quatro horas diárias.

Os outros elementos básicos da dieta inglesa eram pão e cereais. Na Paris do século XVIII, os pobres consumiam até um quilo e meio de pão por dia, e a alimentação dependia da colheita anual de cereais.

A batata foi introduzida na Inglaterra, segundo se acredita, em 1588, mas fundamentalmente se difundiu na Irlanda, tornando-se, já no século XVIII, o alimento principal da população irlandesa. Calculou-se que a dieta diária de um homem adulto estava composta por cinco quilos de batatas e um pouco de leite, além de um pouco de aveia e ervas (com uma carga de 3.850 calorias).

O chá de origem chinesa chegou da Índia no início do século XVII, quando as primeiras mudas desta planta foram descarregadas em Amsterdã. As bebidas alcoólicas mais comuns eram vinho e cerveja, sendo os ingleses grandes consumidores desta última. O consumo de vinho poucas vezes era inferior a um litro diário e o de cerveja era inclusive superior. Acredita-se que no século XVII, nas famílias inglesas, todos (adultos e crianças) bebiam diariamente cerca de três litros de cerveja. Não é de se estranhar que as receitas de papinhas para desmamar as crianças incluíssem vinho.

Por volta de 1640, em Yorkshire, como em vários outros lugares, quando terminava a colheita das ervas e dos cereais, celebrava-se uma festa. Durante a ceia, eram servidos pudins, toucinho ou "vaca fervida",* carne ou bolo de maçã, além de grandes tigelas de creme das quais cada um se servia com sua própria colher. Na mesma época, eram comuns as sopas temperadas com manteiga, gordura ou óleo, de vários sabores, tais como: cebola, legumes, couve, batatas ou nabos.

Bacon toma sopa, pois, devido ao seu estômago delicado, tem de vigiar a dieta. Conserva-se uma carta de sua mãe a seu irmão que explica estes pormenores:

> Realmente penso que o fato de que seu irmão tenha um estômago tão preguiçoso para digerir deva-se em grande parte, e acentuou-se, por ir à cama a destempo e logo passar o tempo meditando *nescio quid* (qualquer bobagem), em vez de dormir.

---

* Prato à base de costelas ou toucinho em pedaços, cozida com ervas e vegetais, similar ao picadinho. (Nota da tradutora.)

Depois de deixar o colégio, Bacon entregou-se aos estudos do direito, sendo admitido em Gray's Inn, em 27 de junho de 1575. Em fevereiro de 1579, morre seu pai, notícia esta que foi um golpe não só sentimental, mas também econômico, já que Francis teve de pedir dinheiro emprestado para concluir seus estudos. A partir de então, assegura um de seus melhores biógrafos, teve de compartilhar sua vida com as dívidas. Lutaria toda a sua vida para conseguir um cargo importante na administração, que só chegaria ao final de sua trajetória.

No Natal de 1594, a propósito de uma celebração universitária, Bacon redige um texto em que vaga sobre o que faria se fosse escolhido príncipe de um reino imaginário:

> Em primeiro lugar, reunir a biblioteca mais perfeita e geral, na qual [se encontrasse] tudo o que a inteligência humana tenha deixado escrito até agora em livros de valor [...]. A seguir, [faria] um jardim espaçoso e maravilhoso no qual qualquer coisa que o Sol faça crescer possa existir [...]. Em terceiro lugar, uma vitrine de considerável tamanho, na qual se classificará e incluirá coisa rara por seu material, forma ou movimento [...]. Em quarto lugar, um armazém mobiliado com moinhos, instrumentos, fornos e vasilhas, como seria um palácio equipado para a pedra filosofal.

Algumas destas coisas fariam parte posteriormente de sua casa de Salomon, na Nova Atlântida.

As três invenções que Bacon mais admirava da história da humanidade eram a imprensa, a pólvora e a bússola, porque tinham mudado a vida das pessoas de seu tempo e das gerações que as sucederam. Seu primeiro ensaio, de 1597, só consta de 250 palavras e versa sobre os estudos. Entre 1612 e 1625, chegaria a redigir mais 58, muitos deles mais extensos que o citado.

No início de 1607, casa-se com Alice Barnham, a filha de um regedor, quem afirmou ser "uma gentil donzela". Num texto da época, encontramos uma descrição certamente cômica sobre tal evento:

> Sir Francis Bacon casou-se ontem com sua jovem noiva, na capela de
> Maribone. Estava vestido de roxo da cabeça aos pés, e tanto ele como sua
> esposa fizeram a junção de finas roupagens de tecido de prata e ouro,
> que deve ter gasto ela muito dinheiro de seu dote.

Embora sua união tenha sido longa, o fato de Bacon não ter deixado nada em seu testamento para a esposa faz pensar que, sob uma aparente placidez, certo mar de fundo turvava as relações do casal.

Em 1613, foi nomeado fiscal da coroa; em 1616, conselheiro privado; no ano seguinte, guarda-selos real; em 1618, grande chanceler; e a seguir, barão Verulam. Depois de muitos desvelos, sua carreira na Corte, finalmente, é coroada com êxito, porém a felicidade para ele sempre era matizada e passageira. Na primavera de 1621, foi acusado de corrupção no desempenho de seu cargo de grande chanceler diante do Tribunal da Câmara dos Lordes, com a denúncia de que aceitava presentes dos réus antes de pronunciar sentenças, sistema que servia para compensar seus numerosos gastos. Foi condenado a uma reclusão de escassos dias na torre – multa que foi perdoada pelo rei – e a incapacidade de ocupar "cargo, posto ou emprego algum ao serviço do Estado ou da Comunidade" pelo resto de sua vida.

Não sobreviveu muito tempo à desonra. Numa noite de inverno de 1626, quando Bacon viajava com sua carruagem, viu uma galinha na metade de um campo e pensou em submetê-la a uma experiência. Mandou o cocheiro parar, livrou-se do abrigo com o qual se resguardava do frio e saiu correndo atrás da ave, até que conseguiu apanhá-la. Com suas próprias mãos, matou a galinha e a recheou de neve. O congelamento de alimentos era uma utopia da qual também participava nosso protagonista, que, como sabemos, em suas investigações sempre tentara conjugar os princípios de novidade e utilidade. A galinha apodreceu logo, mas Bacon agüentou um pouco mais. Em conseqüência da pneumonia que o apanhou naquela noite, morreu aos 65 anos, passando a engrossar o panteão de mártires da história da filosofia alimentar.

Javali à caçadora com purê de maçãs

RECEITA PARA QUATRO PESSOAS

1 kg de javali cortado em tiras, 4 cebolas, 5 cenouras, 1 cabeça de alho, amêndoas, 1 ℓ de vinho tinto, 2 alhos-porós, 1 ℓ de caldo, farinha, aipo, orégano, louro, tomilho, salsinha, pimenta, azeite e sal.

PURÊ DE MAÇÃS: 1 kg de maçãs-reineta, manteiga, água, 2 colheres de açúcar e tomilho.

Em seus bons tempos, a família Bacon comia carne fresca de javali e de cervo, bem como faisões e perdizes que caçavam em suas propriedades. Hoje, esse tipo de carne dificilmente pode ser encontrado fresco, mas pode ser encontrado com facilidade congelado. O congelamento da caça não altera seu gosto e amolece a carne, substituindo o processo de *faisandé*. Este prato é uma homenagem à previsão científica de Bacon, que tentou manter em bom estado a carne de uma galinha, cobrindo-a e recheando-a de neve. O tempo deu-lhe razão, e o congelamento é um processo científico utilizado hoje em dia como fruto do método hipotético dedutivo do qual Bacon, juntamente com Galileu, é um dos criadores. O purê de maçãs que acompanha o prato é uma referência obrigatória a Newton, que foi quem completou e enriqueceu a visão científica de Bacon.

Descongele a carne de javali na geladeira durante 24 horas. Corte a carne em tiras pequenas e coloque-as de molho com vinho, cebolas, cenouras, alho, pimenta, louro, alho-poró, salsinha, tomilho e orégano, e deixe marinar durante dois dias. Transcorrido esse tempo, retire a carne, escorra e passe-a por farinha, em seguida fritando-a ligeiramente em azeite de oliva. Acrescente as verduras do tempero – exceto aipo, vinho da maceração e o caldo – até cobrir. Deixe cozinhar lentamente, acrescentando caldo se necessário, até que a carne esteja tenra. Deixe repousar; passe a carne para outra caçarola e triture e coe o molho do cozimento.

À parte, prepare o purê de maçãs: corte as maçãs em pedaços e doure-os com manteiga e açúcar, agregando um copo d'água. Quando estiverem moles, retire as maçãs e, a seguir, triture tudo.

APRESENTAÇÃO: são apresentados num prato alguns pedaços de javali regados generosamente com molho e acompanhados de purê de maçã.

ENIGMA PARA A SOBREMESA

6. Um granjeiro que vive no campo come quatro ovos por dia no café-da-manhã. A última galinha que lhe restava fugiu do curral. Teve tanto azar que ela foi parar nas mãos de Bacon, que a sacrificou para seu experimento. Apesar disso, o granjeiro continua tomando café-da-manhã e comendo quatro ovos. Não os pede, não os rouba e nem os ganha... Como consegue o alimento básico para seu café-da-manhã?

O degustador

(MENU GALILEANO)

> *O vinho é a luz que se mantém*
> *unida pela umidade.*
>
> GALILEU

Dizemos, proclamamos, sentenciamos e declaramos que vós, Galileu, em razão das questões que têm sido expostas no julgamento e que vos já haveis confessado, segundo o veredicto do Santo Ofício, sois declarado altamente suspeito de heresia principalmente por ter sustentado e acreditado na doutrina, que é falsa e contrária às sagradas escrituras, de que o Sol é o centro do mundo e de que se pode sustentar e defender como provável uma opinião depois da que foi declarada e qualificada como contrária às Sagradas Escrituras. Portanto, haveis violado as censuras e sanções estabelecidas e promulgadas pelo cânone sagrado e todas as leis, tanto gerais como particulares, contra tais delitos. Segundo vontade nossa, [poderíamos] absolver-vos deles sempre que antes abjurásseis, maldisésseis e renegásseis em nossa presença de todo coração e com fé verdadeira os citados erros e heresias, bem como qualquer outro erro ou heresia contrários à Igreja Católica e Apostólica da forma e maneira que os proscrevamos.

Além disso, para que este erro pernicioso e grave e esta transgressão vossa não permaneçam tampouco sem castigo com o fim de que sejais mais prudente no futuro, e como exemplo para que outros se abstenham de cometer delitos desta natureza, ordenamos que o livro intitulado *Diálogo de Galileu Galilei* seja proibido mediante um edito público.

Condenamo-vos à reclusão formal neste Santo Ofício a nossa vontade.

Como penitência, impomo-vos que rezeis os sete salmos penitenciais uma vez por semana durante os próximos três anos. E reservamo-nos o direito de suavizar, comutar ou retirar as citadas penas e castigos em parte ou em sua totalidade. Isto é o que dizemos, proclamamos, sentenciamos, ordenamos e nos reservamos desta ou de qualquer outra forma que, em razão, possamos ou queiramos estabelecer. Assim o proclamamos os cardeais abaixo assinados.

Numa quarta-feira, 22 de junho de 1633, os cardeais inquisidores e suas testemunhas reuniram-se para deliberar no mosteiro dominicano contíguo à igreja de Santa Maria Sopra Minerva de Roma. Galileu foi conduzido para diante deles a fim de ouvir o resultado de suas deliberações. Embora tivesse escapado anteriormente a outras acusações, dessa vez não pôde evitar ser considerado "altamente suspeito de heresia". O sagrado tribunal, como início de um longo calvário, apresentou a Galileu o texto que elaborara para que o lesse em voz alta, como parte essencial de sua abjuração. Apesar do caráter humilhante da maioria de seus parágrafos, Galileu ajoelhou-se, vestido com o hábito branco do penitente, e passou a lê-lo, palavra por palavra:

> Eu, Galileu, filho do defunto Vicenzio Galilei, de 70 anos de idade, acusado pessoalmente ante este tribunal e prostrado diante de vós, eminentíssimos e reverendíssimos senhores cardeais inquisidores gerais contra a depravação herética no seio da comunidade cristã, tendo diante de minha vista e tocando com minhas próprias mãos os Santos Evangelhos, juro que sempre acreditei, acredito agora e, com a ajuda de Deus, acreditarei sempre no futuro em tudo o que sustenta, prega e ensina a Santa Igreja Católica e Apostólica. Mas como, depois de ter sido

admoestado pelo Santo Ofício para que abandonasse a falsa opinião de que o Sol é o centro do mundo e permanece imóvel e que a Terra não é o centro do mesmo e que se move, e para que não sustentasse, defendesse, nem ensinasse de algum modo, nem oralmente nem por escrito, a citada falsa doutrina, e depois de que me fora notificado que a referida doutrina era contrária às Sagradas Escrituras, escrevi e fiz que se imprimisse o livro no qual me ocupava da doutrina já condenada e apresentava argumentos muito eficazes em seu favor sem chegar a nenhuma conclusão, fui declarado altamente suspeito de heresia, ou seja, de ter sustentado e acreditado que o Sol é o centro do mundo e que permanece imóvel e que a Terra não é o centro e se move.

Portanto, com o fim de afastar da mente de vossas eminências e das de todos os cristãos fiéis esta fundada suspeita levantada contra mim com justiça, maldigo e renego os citados erros e heresias e, em geral, de todos e cada um dos erros e seitas contrárias à Santa Igreja Católica. E juro que no futuro não direi jamais nem afirmarei, em palavras nem por escrito, coisas tais que possam fazer recair sobre mim suspeitas similares; e se conhecer algum herege ou pessoa suspeita de heresia, denuncia-la-ei diante do Santo Ofício, ao inquisidor ou ao eclesiástico do lugar onde se encontre. Ainda, juro e prometo adotar e cumprir em sua totalidade todas as penitências que me impôs ou possa me impor este Santo Ofício. E se não cumprir qualquer uma destas citadas promessas, declarações e juramentos (se Deus quiser!), submeter-me-ei a todos os castigos e penalidades impostas e determinadas pelos cânones sagrados e demais decretos gerais e particulares contra tais ofensas. Que nisto me ajudem Deus e estes Santos Evangelhos que toco com minhas próprias mãos.

Eu, o citado Galileu Galilei, abjurei, jurei, prometi e me comprometi com o que disse antes; e, na presença da verdade, firmei de meu próprio punho o presente documento de minha abjuração e o pronunciei palavra por palavra no convento de Minerva de Roma, neste dia 22 de junho de 1633.

Afirma-se, amiúde, que, quando Galileu saiu pela porta, murmurou alguma coisa como *Eppur si muove* (no entanto, se move). Apesar da popularidade que esta anedota já teve, falta-lhe verossimilhança, uma vez que, se Galileu tivesse pronunciado essas palavras naquele contexto, arriscava-se ao pior. Pôde tê-lo feito semanas ou meses mais tarde, diante de um grupo de fiéis amigos, mas nunca diante de um tribunal da Inquisição e no momento da sentença. Como conseqüência do processo, o *Diálogo* apareceu no seguinte *Índice de livros proibidos*, publicado em 1664, no qual permaneceria durante duzentos anos, conduzindo Galileu à prisão.

Aquele acúmulo de desgraças começou a se gerar em 1624 e nos seis anos seguintes que Galileu demorou em redigir sua obra. O livro adotou a forma de uma animada reunião, que se desenvolve durante quatro dias, como uma obra de teatro em quatro atos. Os personagens principais são: Salviati, *alter ego* do próprio Galileu; Sagredo, um rico comerciante que habitualmente está do lado do primeiro; e Simplício, um pedante filósofo de compreensão precária, como seu nome indica, que gosta de incluir citações latinas na conversa e olhar para seu próprio umbigo.

A ação do diálogo desenvolve-se no palácio de Sagredo, em Veneza. Os três personagens discutem animadamente, durante quatro dias, sobre os dois sistemas conhecidos do mundo, ou seja, o aristotélico e o copernicano. Escrevendo em italiano, para que todos pudessem entender, Galileu redigiu um livro de quinhentas páginas no qual tentava sintetizar todo o seu trabalho. O livro sairia da imprensa no mês de fevereiro de 1632 com o desataviado título de *Diálogo de Galileu Galilei, Lince, matemático honorário da Universidade de Pisa e filósofo e mestre matemático de sua alteza sereníssima, o grande duque de Toscana: Onde no transcurso de quatro jornadas se discute sobre os dois sistemas máximos do mundo, ptolemaico e copernicano, e se expõem sem conclusão definitiva as razões físicas e filosóficas tanto de uma parte como da outra.*

Em seu tempo livre, enquanto redigia a obra, dedicava-se a cuidar do jardim onde plantava sementes de laranjeira, limões e cidras amarelo-esverdeadas em grandes vasos de terracota. Galileu instalara-se em 1617 numa elegante vila de nome revelador, Belloesguardo (bela vista), no topo de uma montanha na margem sul do rio Arno. Nesta mesma propriedade cultivava grãos, feijões e azeitonas.

No mês de setembro de 1618, um cometa sulcou os céus de Florença, e, embora não fosse espetacular, era o primeiro que se via desde o nascimento do telescópio. A maioria dos contemporâneos de Galileu pensava que era um sinal de mau agouro. Os filósofos aristotélicos afirmavam que os cometas eram provenientes de perturbações atmosféricas, situando-os num lugar intermediário entre a Terra e a Lua. Galileu resume sua postura sobre os cometas numa obra que se intitula *O ensaiador*, de 1622, em que aproveita para burlar-se dos termos filosóficos que, em sua época, se faziam passar por explicações científicas. Destacava como exemplo os conceitos de simpatia, antipatia, propriedades ocultas, influências, essências, formas e outras muitas palavras como absurdos metafísicos que não têm nenhum valor científico. Galileu demorou quase dois anos para terminar *O ensaiador*, e, quando o publicou, o livro não foi bem recebido pelas autoridades eclesiásticas, mesmo tendo se resguardado bastante, evitando cantar as excelências do sistema copernicano no texto. Padre Grassi referiu-se ao livro como *O ensaiador* ou *O degustador*, aludindo com isso explicitamente o consumo desmesurado de vinho que se atribuía a Galileu. Segundo este mesmo prelado, o livro era a obra resultante de uma longa bebedeira.

E algo de razão não faltava ao eclesiástico, já que, onde quer que ele estivesse, prostrado na cama por doença, na prisão ou em Roma, falando com o Papa, Galileu demonstrava em sua correspondência uma profunda preocupação pelas barricas que dormiam nas adegas bem abastecidas de seu sítio. Sabemos, por exemplo, que a quantidade de vinho tinto que produzia e consumia tinha feito piorar muito a doença de que padecia: a gota. Em certa ocasião, em razão de uma epidemia de peste, sua filha enviara-lhe figos secos, nozes, folhas de arruda e sal misturados com mel e prescreveu a seguinte receita:

> Deve tomar isto todas as manhãs antes do café em dose do tamanho de uma noz aproximadamente e logo após deve beber um pouco de vinho grego ou outro bom vinho, porque dizem que proporciona muitas defesas.

Ou seja, o vinho também é um saboroso e eficaz medicamento.

Sabemos que Galileu consumia alfaces, torta de espinafre – que era um de seus pratos preferidos –, grão-de-bico, feijão, coelho, alcaparras, ameixas, laranjas, azeitonas e tudo o que pudesse cultivar ou criar em sua horta. Também é um grande amante das plantas medicinais. Dois bons exemplos disso são suas preferências pelo alecrim, recomendado contra as náuseas, e pela arruda, que se aplicava no nariz para deter as hemorragias. Apesar disso, não desprezava os doces, como o marzipã em forma de pãezinhos. Um grande pedaço de pão da época custava oito *quattrini*, e só uma pequena parte da população tinha acesso a eles. Galileu tinha a sorte de estar entre os escolhidos.

Com a alimentação, nesse período, também se pretendia regular o caráter e curar as doenças. Segundo as teorias medievais e renascentistas, cada um dos quatro elementos da Terra (terra, ar, fogo e água) contava com seu humor correspondente no corpo humano: bílis amarela, bílis negra, sangue e fleuma. Estes humores, por sua vez, proporcionavam ao corpo as qualidades de secura, calor, umidade e frio. O estômago de Galileu costumava estar frio devido ao seu caráter fleumático. Os aspargos acrescentados ao caldo tinham como objetivo aquecer e umedecer seu corpo, da mesma maneira que as perdizes que ingeria em períodos de convalescença, numerosas apesar disso, eram recomendadas para aumentar o calor do corpo.

Segundo um de seus filhos,

> Galileu tinha um aspecto jovial especialmente quando era já idoso; uma estatura média e complexão forte e robusta, como a que necessitava para suportar os esforços titânicos que realizou de fato durante suas prolongadíssimas observações celestiais. Sua eloqüência e expressividade eram admiráveis [...]. Aborrecia-se facilmente, mas porém se acalmava com ainda mais facilidade. Tinha uma memória extraordinária [...]. O vício que mais detestava era a mentira, talvez porque com a ajuda da ciência matemática conheceu muito bem a beleza da verdade.

Galileu tornou-se conhecido quando, em sua época de universitário, organizou experimentos ao ar livre ou durante as fartas sobremesas dos banquetes da época. Em setembro de 1581, matriculou-se na Universidade de Pisa, onde os estudos de medicina e matemática faziam parte das faculdades de artes de então. Embora tenha iniciado o curso de medicina para agradar seu pai, logo demonstraria uma grande destreza e predileção pela matemática. Após quatro anos de estudos, em 1585, Galileu abandona Pisa, com a idade de 21 anos, sem haver concluído todas as disciplinas exigidas para a obtenção do diploma.

Um dos episódios mais famosos dessa época é o lendário experimento da Torre de Pisa. Segundo Aristóteles, os objetos de diferentes pesos caíam em velocidades diferentes, algo que também indica o senso comum. Galileu subiu a famosa torre, munido com balas de canhão, para demonstrar que esta opinião não era correta. Uma bala de canhão de cinco quilos tinha de cair, segundo Aristóteles, dez vezes mais depressa que uma bala de mosquete de apenas meio quilo, ou seja: ao caírem ambas ao mesmo tempo de cima do monumento, a bala de canhão chegaria ao solo quando a do mosquete tivesse percorrido apenas um décimo do trajeto feito até o solo.

A bala maior chegou, certamente, antes ao chão, ao ser menos sensível aos efeitos do que Galileu chamou de resistência do ar, porém não foi de acordo com as distâncias e os tempos prescritos por Aristóteles. Uma nova forma de fazer ciência, que girava em torno da experiência e da observação, estava-se iniciando. A mesma que se consolidaria com as observações astronômicas a partir do telescópio, que Galileu não deixaria de melhorar e ampliar.

Galileu realiza observações astronômicas extraordinárias que jamais nenhum ser humano tinha sequer imaginado, formula a lei da queda dos corpos, desenha uma balança para medir pesos específicos, muda a imagem que se tinha do universo, mas, sobretudo, transforma-se na grande bandeira de uma nova concepção da ciência. Aristóteles na Antiguidade e Francis Bacon no Renascimento acreditavam que a investigação científica estava determinada pela indução, que consiste em observar fatos e extrair leis por generalização. Porém, as obras de Galileu mostram claramente que o processo é um pouco mais complexo: as inovações não dependem diretamente das observações de fatos. Por mais que certos historiadores tenham enaltecido o episódio da Torre de Pisa, Galileu tenta ir mais longe, pois é ingenuidade tentar explicar o nascimento da nova ciência apenas a partir da introdução do método experimental.

Salviati, Simplício e Sagredo estão, supostamente, diante da torre da qual deixam cair as balas. Simplício não tem dúvidas, de acordo com suas convicções aristotélicas, de que a trajetória será reta e para baixo. Salviati, a partir da física copernicana, na qual se supõe o movimento terrestre, afirma que a trajetória é um movimento resultante de uma mistura do retilíneo e do circular. Simplício dá crédito aos olhos para realizar suas afirmações; contudo, Salviati, além de considerar a informação que recebe pelos sentidos, apela para a inteligência, a base do novo método científico. A representação dos sentidos, está claro, é necessária, mas não suficiente. "O problema não está em *ver*, mas em *entender*, em *compreender*, o que não é a mesma coisa, como parece pretender o aristotélico", afirma Beltrán.

Logo Galileu percebeu que o método indutivo era excessivamente ingênuo, uma vez que o conhecimento consiste numa coordenação de experiências sensíveis e de demonstrações matemáticas. Desta maneira, Galileu situa-se num termo eqüidistante entre o empirismo indutivo de Bacon e o racionalismo dedutivo de Descartes: a essência do método consiste numa vinculação da experiência com a razão matemática.

Galileu inspirou-se no método de resolução e composição da escola de medicina de Pádua, na qual exercera a docência da matemática desde 1592. Logo, os cientistas selecionam os problemas que deverão analisar, delimitam seu alcance a partir de uma descrição matemática e lançam uma hipótese. Esta explicação depende do engenho ou da criatividade do pesquisador. Depois, dedutivamente, tenta-se predizer que fatos teriam de se produzir forçosamente caso a hipótese fosse correta. Por fim, contrastam-se de forma experimental a hipótese e suas conseqüências. Se o resultado for positivo, damos por confirmada a hipótese, que passa a ser considerada lei ou teoria científica.

Esse sistema passou a ser chamado de método hipotético-dedutivo e representa a confirmação de que o senso comum não é a melhor qualidade que define o trabalho de um bom cientista, como pretendia o aristotélico. Galileu foi o primeiro a propô-lo em todas e cada uma de suas partes.

Não pode haver final mais terrível que a cegueira para alguém que passou a vida olhando as estrelas. Em julho de 1637, Galileu perdeu a visão de um dos olhos, o que o obrigou a deixar o texto que estava redigindo naquele momento. Porém, apesar disso, não deixou de escrutar a imensidão do espaço. Durante a noite, quando tinha apenas um dos olhos para perscrutar os céus, escreveu um pequeno tratado sobre como calcular melhor o diâmetro das estrelas e as distâncias entre os corpos celestes e fez uma descoberta astronômica referente à Lua. Quando se fez a escuridão absoluta, Galileu tratou de aceitar a perda da visão com resignação, apelando à sua ironia ao afirmar que nenhum ser humano tinha chegado a ver tão longe como ele. De fato, ele estava certo, e não só isso: os olhos da inteligência, determinantes para o cultivo da ciência, ainda lhe tinham reservado um bom número de surpresas.

Na noite de 8 de janeiro de 1642, Galileu faleceu acompanhado por Torricelli, Viviani e seu filho Vicenzo.

Perdizes ao vinho envoltas em couve

RECEITA PARA QUATRO PESSOAS

4 perdizes tenras e limpas, 150 g de presunto e bacon magro, 2 cebolas, 2 cenouras, um pouco de canela, alecrim, orégano, tomilho e louro, especiarias, 2 taças grandes de vinho branco da Toscana, caldo, 24 folhas de couve média cozidas em água e sal, alhos, salsinha, farinha, 3 ovos, banha e azeite de oliva.

As perdizes são aves que passam muito tempo no chão, mas também voam e vêem o mundo do ar. Esta dupla visão, terrenal e aérea, é justamente a que teve Galileu: experimental, prática, indutiva e ao mesmo tempo teórica e dedutiva, para além da míope visão de seus contemporâneos. Nesta receita, as coisas não são o que parecem, como a natureza... A Lua brilha, mas não possui luz própria, e parece perfeita, mas tem montanhas, como descobriu nosso sábio. A perdiz aquece os humores frios do corpo de Galileu, enquanto a couve os umedece, ambas regadas com um bom vinho da Toscana e perfumadas com suas plantas aromáticas preferidas.

Numa panela levada ao fogo com a banha, frite o presunto e o bacon magro. Acrescente as perdizes limpas e cozinhe até dourar. Junte as cebolas, cenouras, especiarias, canela e ervas aromáticas e frite rapidamente. Acrescente o vinho branco, deixando-o reduzir. Cubra as perdizes com caldo e coloque sal a gosto. Tampe a panela até que estejam bem cozidas, o que levará entre uma hora e uma hora e meia, segundo o tamanho das perdizes. Retire e deixe esfriar.

Apanhe as folhas de couve, bem-escorridas, e as estenda. Sobre cada uma, coloque um pedaço de perdiz que previamente teremos desossado e a envolva, fazendo um pacote. Enfarinhe esses embrulhos, passe pelos ovos batidos e frite em óleo abundante, até dourar. Deixe escorrer.

Coe o molho em que se cozinharam as perdizes e verta numa panela limpa. Esquente o molho e coloque os pacotes de perdiz enrolados em couve. Deixe cozinhar em fogo brando durante meia hora, com a panela tampada. Leve diretamente à mesa a mesma panela, com as couves com perdizes e o molho. Acompanhe com o mesmo vinho utilizado para o guisado.

ENIGMA PARA A SOBREMESA

7. Galileu degusta o vinho de sua adega com um grupo de amigos e, para animar o encontro, propõe o seguinte problema: há seis cálices de vinho sobre a mesa, porém os três primeiros estão cheios e os outros três, não. Com um único movimento, deve-se conseguir que nenhum cálice vazio esteja ao lado de outro sem conteúdo e que nenhum cálice cheio tenha como vizinho outro similar. Como conseguir isto?

Sabores do pensamento

(Menu benjaminiano)

Primeiro a comida, logo a moral.
Bertolt Brecht

Comer sozinhas torna facilmente as
pessoas toscas e duras.
Walter Benjamin

Benjamin desembarca no porto de Ibiza na manhã do dia 19 de abril de 1932. Tem 40 anos e é um ilustre desconhecido. Foi rejeitado como professor da Universidade de Frankfurt. Viaja muito, escreve mais. Paris é uma cidade que visita reiteradamente e um dos cenários que mais freqüenta com a imaginação. Em 1926 conhece Moscou, de onde evoca por escrito uma sopa:

Porém, eu a tomei no inverno em Moscou e por isso sei de que se trata: há nela vermelhos pedaços derretidos, um manjar de nuvens que desceu um dia do céu igual ao maná. E como abranda o pedaço de carne a efusão quente, para que penetre no corpo como um campo perfurado do qual pode escaldar com facilidade da raiz a erva daninha da tristeza. Deixe a vodca sem beber a seu lado, não coma da *pirogen* (massa recheada com carne, peixe, repolho, ovos...). Então você descobrirá o segredo desta sopa, que é a única comida que tem o dom de saciar suavemente, de transpassálo pouco a pouco... [Benjamin se refere ao *borscht*, uma sopa de verduras com carne e álcool típica da Rússia].

O fracasso de sua dissertação de habilitação assinala o ponto de partida de uma longa lista de frustrações, entre as quais se incluem a morte de Hoffmannsthal, um dos poucos apoios intelectuais que teve, em 1929, e o desagradável processo de divórcio de 1930. O ambiente da Alemanha é cada vez mais irrespirável. Pela primeira vez, contempla a idéia de suicídio. Ibiza é mais um destino no exercício da arte da fuga, na qual Benjamin é virtuoso.

Na primeira carta enviada da ilha, apenas quatro dias depois de sua chegada, observa como a agricultura e o gado são as fontes principais de riqueza das Baleares. A praga do turismo ainda não fez sua rede na paisagem humana. A rega dos campos através de moinhos de água o surpreende. Embora Benjamin conhecesse outras ilhas do Mediterrâneo, como a Córsega e Capri, Ibiza causa-lhe uma forte impressão.

San Antonio tinha, em 1932, setecentos habitantes e contava com duas pensões, em que somente se oferecia comida. Quase a totalidade da carne consumida por seus habitantes daquela época era de porco, fresca ou embutida. A maioria dos pratos servidos nessas ilustres casas de refeição tinha esse fator comum: sopa com ossos de porco, couve com ossos, fritada de fígado com costelas de porco, calumba com *sobrasada* (morcela temperada com sal e pimenta), olha-podrida (prato à base de feijão e miúdos de porco), verduras com ovos, arroz com couve, arroz com carne, arroz com feijão, refogado camponês, guisado de *escargot*, guisado de ovos, favas tenras refogadas, fígado com alho e salsinha... Esta dieta repleta de gordura entrava em contradição com os costumes culinários judaicos em que Benjamin se educara.

As leis alimentares dos judeus são conhecidas com o nome de *kashrut* e têm sua origem na Bíblia, embora a tradição judaica tenha acrescentado algumas outras. Os alimentos aptos para o consumo segundo as normas bíblicas e da tradição denominam-se *kosher* ou *kasher*. As normas mais elementares são as seguintes: proíbe-se totalmente ingerir gordura ou sangue; proíbe-se totalmente comer carne de animais imundos, em especial de porco; proíbe-se cozinhar a carne no leite e, em geral, beber leite juntamente com a carne. Para que todas as normas alimentares sejam cumpridas, é preciso que a matança dos animais assegure que o animal terá um sofrimento mínimo e um dessangramento, o mais completo possível.

No momento de comer, todos os que não tinham casa própria encontravam-se em algum desses dois locais. A sobremesa estendia-se ao redor de um café. Benjamin busca companhia na hora das refeições:

> Esta é a objeção mais forte contra o modo de vida de um solteirão: fazer as suas refeições sozinho. Comer sozinho torna facilmente as pessoas toscas e duras. Quem tiver por hábito fazê-lo há de viver espartanamente para não degenerar. Embora apenas fosse por isso, os ermitãos alimentavam-se com frugalidade. Pois apenas em comunidade faz-se justiça à comida, já que, para que assente bem, exige ser compartilhada e repartida. Não importa com quem: antigamente, um mendigo à mesa enriquecia qualquer refeição. O que importa é o dar e o compartilhar, não a conversa mundana dos comensais. É assombroso comprovar, por outro lado, como a sociabilidade torna-se crítica sem alimentos. A hospitalidade nivela e une. Conde Saint-Germain mantinha-se sóbrio diante das mesas cheias e desta forma dominava a conversa. Porém, ali, onde cada qual vai com o estômago vazio, surgem as rivalidades e sua seqüela de disputas.

Fala com a experiência de alguém que viveu em primeira pessoa este desamparo.

Nesta primeira viagem à ilha, Benjamin hospeda-se numa casinha austera junto ao mar, em Sa Punta des Molí. Não há luz elétrica, tampouco água corrente, e não chegam os jornais. Todos os dias levanta-se às sete e toma um banho de mar, porém não compartilha com ninguém esses primeiros momentos. Depois, toma sol. No restante do dia, dedica-se à leitura e à escrita. À tarde, passeia. As paisagens nuas do interior da ilha suscitam-lhe todo tipo de reflexões, que se refletem nos textos que redige: os frutos, ainda sem amadurecer, as algarobeiras e figueiras, o canto das cigarras sempre presente, as sombras das árvores... É o mais próximo que podemos imaginar de um *flâneur* rural.

O *flâneur* é o herói moderno. Seu cenário preferido, a cidade:

> O bulevar é a moradia do *flâneur* que está em sua casa entre fachadas, bem como o burguês entre suas quatro paredes. As placas deslumbrantes e esmaltadas do comércio são, para ele, um adorno tão bom e melhor que uma pintura a óleo no salão para o burguês. Os muros são as escrivaninhas onde se apóia a sua caderneta de notas. Suas bibliotecas são as bancas de jornal, e os terraços dos cafés são varandas de onde, concluído seu trabalho, contempla o estabelecimento.

Vítor Hugo celebra a massa como herói da modernidade; Baudelaire a despreza. Para este segundo, o dandismo é "o último esplendor do heroísmo na época das decadências". Benjamin foge sempre que pode da multidão, e, em seus passeios solitários pelo campo, rememora os pensamentos de Engels sobre a multidão, que logo reproduzirá por escrito:

> Já o formigueiro das ruas tem algo de repugnante, algo contra o que se indigna a natureza humana. Estas centenas, milhares, que se apertam uns contra os outros não são todos eles homens com as mesmas propriedades e capacidades e com o mesmo interesse por ser feliz? [...] No entanto, correm, esbarrando-se, como se nada tivessem em comum, nada a fazer uns com os outros, com um único convênio tácito entre eles, o de que cada um se mantenha no lado da calçada que está à sua direita, para

que as duas correntes de aglomeração, que disputam num e noutro sentido, não detenham uma à outra; ninguém pensa em dignar-se a dar uma única olhada para cima. A indiferença mortal e o isolamento inibem cada um de seus interesses privados e resultam ainda mais repelentes, ferinos, enquanto todos se apertam num pequeno espaço.

Benjamin é feliz, embora leve uma vida terrivelmente austera, ou, talvez, seja graças a ela. Esta primeira viagem à ilha prolonga-se por três meses, deixando tudo diferente ao voltar, pouco tempo depois.

Viaja de novo a Ibiza em março de 1933, desta vez pelo período de seis meses. Seu novo alojamento não é de seu agrado, pois, apesar de ter as vantagens de uma moradia moderna, a casa está em obras e não goza de localização privilegiada como a anterior, à beira-mar. O preço do quarto é superior ao previsto. Não consegue se concentrar neste novo destino.

Acordo às seis e meia, às vezes, às seis, e às sete, coloco a cadeira de balanço que guardo comigo sobre qualquer colina. Depois, às oito, como qualquer pedreiro ou mestre-de-obras, abro minha garrafa térmica e tomo café-da-manhã. Então trabalho e leio até a uma.

O almoço é sempre às duas, com seus anfitriões numa mesa comprida. Depois da refeição, senta-se "quase sempre de baixo de uma figueira que está diante da casa" e lê ou deixa "passar o tempo".

Nada é como tinha sido um ano antes, além de que Benjamin começa a ter sérios problemas econômicos. Nessa mesma época, devido ao seu aspecto e aos seus hábitos, no povoado começam a conhecê-lo como "o miserável". Naquelas condições deploráveis, escreve o ensaio *Experiência e pobreza*. Nele, Benjamin reflete sobre o empobrecimento do conceito de experiência que se desenvolve nas sociedades modernas.

As casas velhas, os objetos antigos, os quadros, as bonecas de pano que encontra na ilha... têm algo de coisa irrepetível, de sinceridade, são objetos pessoais – o tempo lhes tirou a arrogância – que nos levam a não apenas considerá-los produtos burgueses. Seu caráter único salva-se da mentira organizada do plástico, da estatística. A experiência que provocam no observador é fecunda, ampla, sugestiva. Quem vive um momento similar quer retê-lo, para logo poder evocá-lo e gozar de seus benefícios a distância. Poucos anos depois retomará estas mesmas reflexões em dois de seus ensaios mais reconhecidos: *A obra de arte na era de sua reprodutibilidade técnica* e *O narrador*. Ambas, a partir da definição de aura, são devedoras de sua permanência na ilha: "Descansar num entardecer de verão e seguir com o olhar uma cordilheira no horizonte ou um galho que lança sua sombra: isso é inspirar a alma das montanhas, desse galho".

A aura, "a manifestação irrepetível de uma distância", fica domesticada dentro da arte burguesa para que possa ser acessível para as massas: "As massas buscam dissipação, mas a arte exige recolhimento". A arquitetura será o protótipo clássico desse tipo de arte massificada, feita para servir as massas. A arquitetura popular de Ibiza é totalmente o oposto: racional, na medida humana, personalizada, com as pegadas das gerações que a utilizaram... As primeiras impressões de Benjamin sobre a ilha estão vinculadas à casa tradicional; a mesma que os jovens arquitetos do GATPAC [Grupo de Arquitetos e Técnicos Catalães pelo Progresso da Arquitetura Contemporânea] considerariam exemplar.

A reprodutibilidade técnica da obra de arte modifica a relação das massas com a experiência estética. O artista já não é o mediador. A massa relaciona-se diretamente com a arte, mas cada vez está mais longe de qualquer vivência transcendente, de qualquer percepção real. A mediatização técnica constitui um muro intransponível, e a arte só é consumida em forma de sucedâneo.

Em *O narrador*, escrito em Paris em 1936, Benjamin recorda o dito popular: "Quem viaja tem algo para contar". Paradoxalmente, quanto mais alguém viaja, mais fotografa a ilha paradisíaca escolhida como o destino de seus devaneios turísticos, mais guarda em complicados aparelhos as visitas que realiza, mais engrandece a excursão; menos conhece, menos se envolve o protagonista da experiência, menos conjectura para sua vida.

A fórmula clássica de narração é a dos contos, em que a tradição oral dá passagem a relatos fantásticos nos quais se misturam a tradição e a magia. Sua forma narrativa é efetiva, porque está feita na medida do narrador: a extensão é curta, é preferível mudar algo para adaptá-la sempre ao contexto presente, o protagonismo é coletivo. Benjamin opõe ao romance a narração; a Balzac, Zola e Dumas opõe Hebel, Sealfield, Poe, Kipling ou Stevenson. O pomposo é substituído por um relato sem pretensões, simples, sábio. A narração não tem de soar plausível: "A extensão da informação é decisiva na medida em que a arte de narrar se tenha tornado rara".

Leskov será o mestre dos narradores. A forma artesã de comunicação "surge, na maior parte dos casos, contando experiências vividas pelo narrador, a partir da conversa que ouviu numa viagem de trem a uma reunião de um círculo de leitura...". Benjamin afirma que quem ouve uma história desse tipo está na companhia do narrador, inclusive quem a lê; enquanto o leitor de um romance está só. A leitura dos romances alimenta a necrofilia: "o que arrasta o leitor para o romance é a esperança de aquecer sua vida na morte lida". A narração é uma comunicação sem sangue.

Benjamin não lê romances na ilha, mas gosta de ouvir as conversas das pessoas de Ibiza. As palavras, que não entende, na boca daqueles homens curtidos pelo sol o fascinam. Escreve Vicente Valero:

> O artesanal exigia experiência e transmissão desta experiência. A arte de construir casas e a arte da narração eram possíveis graças à transmissão oral. E a "aura" dos objetos, das casas, dos relatos, era preciso buscá-la precisamente nessa experiência, à qual a sociedade industrial decidira renunciar.

Não esqueceu o hábito de passear sozinho pelos caminhos rurais da ilha. De vez em quando, visita algum conhecido. Num desses encontros, na casa de Jean Selz, fumam haxixe e compartilham suas experiências com drogas. Dedicam algum tempo para encontrar as diferenças entre o consumo de haxixe e do ópio.

Benjamin experimentara com mescalina o ópio e o haxixe, pois apenas na droga encontra o refúgio que necessita para superar os dias aziagos na ilha. A embriaguez que atinge é definida por ele como uma espécie de "iluminação profana". No ensaio *O haxixe em Marselha* descreve as "imensas dimensões da experiência interior, de duração absoluta e de espaço imensurável" da droga. "O haxixe permitiu a Benjamin sentir que o mundo das coisas e dos objetos não era algo mudo e inerte, mas portador de sua própria energia e vivacidade. A droga fazia com que o objeto mais apagado e cinzento resplandecesse", escreve Plant. As imagens que vê ao consumir este produto servem-lhe para aprofundar a experiência. Os sonhos induzidos são uma fonte de inspiração para suas teorias.

Não são os únicos produtos que costuma tomar na ilha: genebra do Migjorn lhe produz um efeito fulminante. Aceita um convite no bar e ingere duas taças de genebra de 74 graus, sem pensar, uma depois da outra. Seu rosto permanece impassível. Ao tentar dar um passo, seu corpo vai solenemente ao chão.

Em fins de setembro, abandona a ilha definitivamente, mas não será a última vez que pisa em território espanhol. Chega a Paris doente de malária. Nos anos que seguem, sua permanência nessa cidade vê-se interrompida por suas habituais viagens, já que passa temporadas com Brecht na Dinamarca e visita sua ex-esposa em San Remo.

Benjamin estava muito bem considerado pelos intelectuais franceses, pois havia ampliado muito seu núcleo de relações na cidade para obter diferentes formas de apoio. Em 1938, quando tenta se naturalizar francês, firmam a petição Gide, Aragon e Valéry, entre outros. Mais tarde, conseguirão libertá-lo do campo de concentração de Nièvre. Quando abandona definitivamente a cidade, em 1940, deixa seus escritos a Bataille, o então diretor da Biblioteca Nacional.

Em fevereiro de 1939, a Gestapo privou-o de sua nacionalidade alemã, porque "publicara um artigo numa revista moscovita". Transforma-se num refugiado alemão na França e continua a penúria econômica.

Depois da declaração de guerra, em setembro de 1939, é internado num "campo de trabalhadores voluntários", em Nièvre. Permanece dois meses trancado até que um grupo de intelectuais consegue que ele seja libertado. Vendo como as coisas estão ficando, decide emigrar para os Estados Unidos, passando por Espanha e Portugal.

Em 25 de setembro de 1940, une-se a um grupo de refugiados que parte para a fronteira. Saindo de Banyuls-sur-mer, tentam alcançar o posto fronteiriço espanhol em Portbou. Chegando lá, como não possuem visto francês de saída, têm a passagem negada. Passa então a noite no hotel França (hoje Bar-Restaurante Internacional). Sozinho em seu quarto de hotel, diante da certeza de que será entregue à polícia francesa e novamente internado num campo de concentração, ingere toda a morfina que leva consigo. Uma vizinha, alertada pelo movimento e gritos de dor do pensador, chama um médico. Benjamin rejeita terminantemente a lavagem estomacal. Desta vez seu caráter vacilante não se manifestou. As dúvidas que sempre o perturbaram pareceram dissipar-se de súbito. Enquanto isso, o último sustento que ingerira produzia seu efeito narcotizante letal.

Caldeirada de lagosta à Ibiza

RECEITA PARA QUATRO PESSOAS

2 lagostas de 1 kg aproximadamente, 0,5 ℓ de *fumet*, 1 cebola pequena picada, 4 pimentões amarelos, salsinha picada, 3 tomates maduros, 2 ramos de erva-doce silvestre, 1 punhado de cebolinhas tenras picadas, 2 talos de alho-poró picados, 2 dentes de alho, 250 ml de azeite de oliva, 1 cálice de *brandy*, sal e pimenta.

PARA O ACOMPANHAMENTO: 1 fígado de peixe-pescador (tamboril), 8 amêndoas torradas, 1 dente de alho, salsinha picada, 4 fios de açafrão, 1 cálice de *brandy*.

A realidade culinária de Benjamin na ilha de Ibiza afasta-se muito da receita que propomos. Apesar disso, a escolhemos por seu caráter artesanal, pré-industrial e por ser um prato plenamente vigente, cheio de sabores, sem ninguém que mediatize a experiência.

Separe a cabeça das lagostas da cauda. Corte as caudas em medalhões. Numa panela de barro larga e funda levada a fogo bem alto, verta o azeite e refogue ligeiramente os medalhões da lagosta; coloque sal e pimenta e separe. Coloque as cabeças de lagosta e frite-as junto com os alhos; acrescente a cebola picada, os pimentões cortados em pedaços, os tomates picados, a erva-doce, a parte verde da cebolinha e os talos de alho-poró e refogue com o *fumet*. Deixe cozinhar durante quinze minutos.

Triture os vegetais com que se cozinhou a lagosta e peneire o caldo. Faça um picado com o fígado de peixe-pescador ligeiramente refogado, as amêndoas, o alho, a salsinha, o açafrão e a taça de *brandy*. Leve uma panela limpa ao fogo com os medalhões e o restante das lagostas cortadas em pedaços à mão; flambe-os com o *brandy* e verta o caldo sobre eles. Deixe cozinhar por quinze minutos em fogo brando. Coloque o picado cinco minutos antes de retirar a panela do fogo.

APRESENTAÇÃO: sirva num prato de sopa com pedaços de pão torrados salpicados com alho.

ENIGMA PARA A SOBREMESA

8. Um camponês do interior de Ibiza propõe o seguinte problema: quer plantar doze árvores de maneira que formem seis fileiras retas de quatro árvores cada uma. Como conseguirá? Pista: o problema pode ser solucionado atendendo a um dos símbolos mais evidentes das raízes profundas do pensamento benjaminiano.

ÁCIDO

O anfitrião de Königsberg

(Menu kantiano)

Embora um banquete seja um convite formal ao excesso tanto no comer como no beber, há, no entanto, algo nele que aponta a um fim moral para além do puro prazer físico, pois brinda a ocasião de fazer com que um grupo de pessoas possa conversar mutuamente durante um longo tempo.

Kant

A alimentação diária da família Kant era tão monótona e frugal como a época em que viveu pode sugerir. Na Prússia, naquele tempo, servia-se durante toda a semana a mesma coisa: porco refogado e peixe, requentado todos os dias, e o pão era preto. A farinha conservava a casca do grão, e o pão continha, com freqüência, palha. A única coisa invejável era a cerveja: uma excelente bebida, muito superior à que se destilava em algumas partes da Silésia. A embriaguez à qual tendiam alguns de seus contemporâneos, e que poderia se atribuir à excelência deste produto, era considerada por Kant uma perda de dignidade através da qual colocamos a nós mesmos abaixo do nível dos animais. Apesar disso, Kant amava o vinho, considerando-o uma ferramenta excelente de estímulo a imaginação. Além disso, defendia que o álcool apresenta um valor agregado: permite "esquecer a carga que parece existir na própria vida desde as origens".

Königsberg era descrita amiúde como uma desolada cidade da Alemanha do século XVIII, que mantinha relações comerciais com Polônia, Lituânia, Inglaterra, Dinamarca, Suécia e Rússia. Os principais produtos procedentes da Europa do Leste eram grãos, cânhamo, linho, madeira, alcatrão, cera, peles e couro; enquanto as mercadorias do Ocidente eram sal, peixe, roupas, zinco, chumbo, especiarias e frutos meridionais.

Kant era um jovem sério. Quase nunca ria. Jogar bilhar era a sua única diversão conhecida, além de ser uma maneira de ganhar dinheiro por meio de apostas. Os pietistas dificilmente teriam entendido essa prática lúdica.

Em 1748, terminados seus estudos formais na universidade e com a idade de 24 anos, Kant começa a dar aulas como preceptor particular. Inicialmente, vive na casa das famílias que o contratam, mas, logo que pode, aluga um imóvel de dois cômodos. Vê-se obrigado a sair para comer todos os dias, o que foi uma constante na vida do pensador até bem depois dos 50 anos. Em seus primeiros anos como professor, enfrentou sérios problemas, como ele dizia, para ter "uma boa refeição". Como muitos solteiros, fazia a refeição principal num restaurante ou bar. Durante muitos anos almoçou em Zorling, na rua Junker, em companhia de militares absolutamente simples. Mais tarde, era Gerlach o local que o recebia ao meio-dia – tratava-se de um estabelecimento para se jogar bilhar onde eram servidas refeições. Ao que parece, entre 1755 e 1777, comia quase sempre neste local.

A escolha dos pratos era um momento esperado por Kant: nada muito sofisticado, carne bem-passada, um bom pão e bom vinho eram seu cardápio predileto. Ele gostava muito de mostarda e manteiga, com a que temperava verduras e carnes. Não obstante, seu prato preferido era bacalhau. Durante sua juventude preferia vinho tinto, mais tarde passou ao branco. Gostava de comer pausadamente e, quando o prato lhe agradava, pedia a receita. É de se supor que o fazia para que alguém algum dia pudesse prepará-lo, porque ele mesmo não cozinhava. Tampouco poupava críticas quando a comida não era de seu agrado. Hippel dizia que cedo ou tarde Kant escreveria uma *Crítica da arte de cozinhar*.

Desde muito jovem, seu horário era inflexível: levantava às cinco da manhã, após ter sido acordado por seu empregado Martin Lampe, que trabalhou para ele de 1762 a 1802. Ele se encarregava de todos os assuntos práticos: além de despertá-lo, tinha sempre a roupa pronta, mantinha os quartos limpos e em ordem e cuidava de tudo o que fosse necessário. Depois de levantar, Kant bebia uma ou duas xícaras de chá muito suave e fumava cachimbo. A seguir, preparava suas aulas até as sete horas, lecionava das sete às onze, e almoçava ao meio-dia. À tarde, visitava seu amigo Green e, ao voltar para casa, lia ou respondia cartas.

Em 30 de dezembro de 1783, quando estava com 59 anos, Kant decidiu comprar uma casa numa rua muito barulhenta de Königsberg. As súplicas dos presos de uma cadeia próxima não permitiam que o pensador se concentrasse. No entanto, este não era o único problema: Kant também se queixava das crianças que brincavam na rua e jogavam pedras por cima da cerca de sua casa. Ficava realmente furioso e pensava que as autoridades competentes somente encontrariam uma solução para suas necessidades quando fosse "ferido ou morto", como costumava acontecer.

O edifício era antigo e estava situado numa rua pouco freqüentada por carroças, o que lhe permitia passear livremente. Os fundos da casa davam para o jardim dos vizinhos. Na primavera e no verão, isso lhe dava um grande prazer. Contudo, este espetáculo da natureza passava completamente despercebido aos olhos do filósofo. Segundo um aluno seu, quando se entrava em sua casa, a não ser pelo latido de um cão ou o miado de um gato, podia-se pensar que estava deserta. Sabemos que Kant opunha-se à opulência por princípio, motivo pelo qual seus móveis eram completamente austeros. No melhor dos cômodos da casa havia um sofá, algumas cadeiras bordadas, uma cristaleira com algumas peças de porcelana, uma escrivaninha que guardava alguns objetos de prata e um termômetro. As paredes do estúdio estavam enegrecidas pela fumaça do cachimbo, da estufa e das luzes, "a ponto de [ser possível] escrever sobre a parede com o dedo".

Kant acordava às cinco da manhã, tomava seu chá, fumava cachimbo e logo preparava suas aulas. Em particular, dava aulas às segundas, terças, quintas e sextas, das sete às oito sobre metafísica (durante o inverno) ou sobre lógica (durante o verão), e das oito às nove sobre teologia natural ou ética; às quartas e aos sábados ensinava geografia e antropologia das sete às dez. Às vezes, ministrava também aos sábados uma aula com exercícios de lógica ou de metafísica. Concluídas estas atividades, trabalhava em seus livros até o meio-dia. Então se vestia de maneira formal, saía para almoçar e passava a tarde em companhia de amigos falando do que lhes agradasse, não especialmente de filosofia ou assuntos culturais. Por volta das seis horas da tarde, voltava a se recolher em seu estúdio, que sempre estava a quinze graus, para trabalhar ou ler os jornais. Às dez em ponto ia dormir.

Kant ministrou aulas até os 75 anos, já que não podia dispensar a renda que essa profissão lhe proporcionava, mesmo até essa idade tão avançada. Muitas vezes, com aspereza, comparava seu ofício com o mito de Sísifo. No total, ao final de sua carreira, lecionara durante quase 45 anos. Diferentemente de outros professores, não só se mostrava muito estrito no que se referia às taxas pagas por seus alunos, mas também se encarregava pessoalmente de controlar se eram pagas.

Kant era uma pessoa muito sociável. Apesar da imagem de ermitão, gostava de se relacionar com as pessoas; e mais, buscava a relação com seus congêneres. Não visitava seus contemporâneos apenas à tarde, mas também à noite. O diálogo foi muito importante em sua vida e em sua filosofia, embora isso pudesse passar despercebido. Sua filosofia crítica só pode ser entendida neste contexto de encontros com pessoas de diferentes opiniões. O pensador realiza, como bom anfitrião, uma síntese das posturas contrapostas. Essa técnica de pensamento que Kant muito cultivou é a antítese da análise e, segundo numerosos comentaristas, é uma das que melhor definem a inteligência. Lowenfeld acrescenta a capacidade de *organização* como um traço criativo que não é destacado por outros, como por exemplo Torrance e Guilford.

Para entender a imensa contribuição de Kant à filosofia ocidental, é muito útil considerar esta atividade sintética: Kant constrói uma ponte entre a tradição racionalista, que afirmava com grande otimismo o poder absoluto da razão, a eficácia do método dedutivo e a existência de idéias inatas e, por outro lado, as propostas empiristas, que priorizavam os sentidos e a experiência e negavam tanto o inatismo como as pretensões de legitimidade da metafísica racionalista (Kant afirma que foi Hume quem o despertou de seu "sonho dogmático").

Em sua explicação do conhecimento, Kant levou em conta todas as contribuições anteriores e realizou uma síntese inovadora, considerada uma verdadeira "revolução copernicana" da filosofia. Nela se afirma, coincidindo com os empiristas, que toda forma legítima de conhecimento deve partir da experiência; mas, por sua vez – e com isso se aproxima aos racionalistas –, não se pode aceitar o sujeito como um simples receptor passivo que não intervém no ato de conhecer. Em resumo, Kant pensa que existe uma realidade para além dos sentidos que podemos perceber e conhecer, mas que não podemos estabelecer contato com ela sem condicionar, de algum modo, este conhecimento. Os seres humanos possuem estruturas inatas, que atuam como moldes. Captamos, assim, a realidade, mas não como ela é em si mesma, e sim filtrada e modificada pelas formas iniciais de nossa sensibilidade. Este ponto de vista epistemológico é conhecido por "idealismo transcendental".

Com sua filosofia, Kant dá um claro exemplo dos traços essenciais que a síntese possui como habilidade de pensamento, que deve ter três características: primeiro, deve assimilar o fundamental do elemento estudado; segundo, deve ser breve; terceiro, é conveniente que tenha em si o valor da originalidade a fim de atrair a atenção das pessoas ou em sua tentativa de incorporar alguma novidade posterior. O trabalho de um jornalista na hora de intitular um artigo, por exemplo, é um claro expoente desta última característica.

Dar tanta importância à parte formal do pensamento de modo algum parece contradizer a opinião do autor que escreveu: "De mim não vão aprender filosofia, mas a filosofar; não [vão] captar pensamentos meramente por repetição, e sim pensar". Suas exposições não se caracterizarão por uma grande atenção aos métodos didáticos, porém – apesar de não gostar de repetir, não explicar os conceitos difíceis, não se adaptar ao auditório e cortar as intervenções quase antes que se produzissem – suas aulas, ainda assim, estavam sempre lotadas.

Muitos acreditam que a vida de Kant mudou quando ele comprou sua casa, quando, então, abandonou o hábito de sair à noite, passando a freqüentar a sociedade só à tarde. Porém, o motivo do abandono deste hábito não foi a mudança de residência, mas a morte de seu melhor amigo, Green, ocorrida em 27 de junho de 1786. Isso tocou a vida de Kant, a ponto de fazê-lo deixar de lado as saídas noturnas, declinando, inclusive, de sair para comer fora ao meio-dia, contratando um cozinheiro para preparar refeições em sua casa.

Os convidados à mesa eram cidadãos eminentes de Königsberg, entre os quais se encontravam altos funcionários do governo, pregadores protestantes e comerciantes. Kant recebia-os elegantemente vestido (era da opinião de que as cores da roupa deviam mudar com as estações, imitando a natureza). As refeições em companhia de alguém eram uma forma de combater a solidão, além de constituírem o melhor momento do dia, pelo qual esperava com ansiedade. Kant sempre estava feliz à mesa, e sua atitude era amistosa, tentando a todo momento, ao falar, agradar seus convidados. Ordenava que seu empregado servisse a mesa, retirava pessoalmente de sua escrivaninha os talheres de prata e zelava para que tudo estivesse ordenadamente disposto. Não podia ser de outra forma.

Seus convidados o seguiam até a sala de jantar, tão austera quanto o restante da casa, mas tudo sempre estava organizado e limpo. Serviam-se três pratos excelentemente condimentados, duas garrafas de vinho e, dependendo da estação, fruta e sobremesa. Consumida a sopa, cortava-se a carne de bezerro, a qual Kant apreciava com mostarda inglesa, preparada por ele mesmo. O rosbife era um de seus pratos preferidos. Não costumava consumir grandes quantidades do segundo e terceiro pratos.

Kant comia com fruição: a parte inferior de seu rosto escancarava-se para saborear a comida. Um companheiro de mesa dizia que dedicava todos os seus dotes intelectuais para os pratos que degustava. Do mesmo modo desfrutava o vinho.

O pai do criticismo não tratava de assuntos acadêmicos durante a refeição. Falava-se muito pouco sobre filosofia em geral e nada sobre o trabalho concreto de Kant. Conversava-se apenas sobre ciência e as pessoas famosas da cidade. Temas sem importância sobre a vida cotidiana (como fumar cachimbo, as propriedades do chá, beber vinho, cheirar rapé) eram do gosto geral dos comensais. Kant sempre se interessava muito pelos assuntos políticos de seu tempo. Preferia, se muito, falar de política ou comentar aspectos da vida social de sua cidade e, se algum de seus convidados o acompanhasse, podia estender até as sete ou oito da noite uma longa conversa durante a sobremesa.

Depois, Kant envelheceu. Em 1788, ministrava treze horas de aula por semana: lógica (com oitenta alunos matriculados), lei natural (com doze) e geografia (com dez alunos). No verão de 1789, teve de reduzi-las a nove, e já não tornou a aumentar este número. Aos 66 anos, achava que, por motivos de saúde e devido à sua idade, só devia trabalhar pela manhã. Durante toda a vida, sofrera dores de estômago, que combatia com uma dieta assim explicada a um de seus melhores amigos:

> Minha dieta kantiana é, se continuarem seus benefícios, o presente de uma nova vida. Entre o almoço do meio-dia e o jantar só bebo água. Isto

me alivia muito. Igualmente ganho tempo se como bem pouco à noite e, o que é melhor, sinto-me muito bem com este regime.

Em 8 de outubro de 1803, o estado de saúde de Kant piorou drasticamente. Alimentara-se mal durante seus últimos anos, em que já não lhe apetecia nenhum de seus pratos prediletos, tampouco o ajudara sua preferência desmedida por certo tipo de sanduíche de queijo inglês ralado (*cheddar*). No dia 7 de outubro, devorou uma quantidade de queijo tal, que não se recuperaria de seus efeitos.

Em 12 de fevereiro de 1804, às onze da manhã, Kant morreu, quando faltavam apenas dois meses para completar 80 anos. O cortejo fúnebre foi encabeçado por 24 amigos de mesa.

Bacalhau ao mel com espinafre

RECEITA

4 pedaços de bacalhau, 100 g de farinha, 250 ml de creme de leite, 4 colheres de mel, 500 g de espinafre, pinhões, uvas-passas, óleo, queijo ralado, louro, noz-moscada e sal.

O bacalhau era um dos pratos favoritos de Kant, e, na forma em que o apresentamos, oferece um modelo de seu pensamento sintético, já que reúne num só prato o doce (mel) e o salgado (bacalhau).

Ferva os espinafres e escorra bem. Corte e refogue levemente numa frigideira com óleo, acompanhando-as com pinhões e uvas-passas. Reserve.

A seguir, escalde o bacalhau – dessalgado, claro – numa panela com água e a folha de louro levada a fogo suave, até começar a ferver; então, retire do fogo e deixe tampado durante cinco minutos. Retire o bacalhau da panela e escorra o caldo do cozimento, que reservaremos para mais adiante.

Numa caçarola, coloque o óleo para aquecer e adicione a farinha. Acrescente 750 ml da água utilizada para escaldar o bacalhau, bem como o creme de leite e o mel. Esquente a mistura e, quando ferver, acrescente a noz-moscada e um pouco de sal. Deixe reduzir.

Numa travessa adequada para se levar ao forno, verta o molho e por cima os espinafres, o bacalhau, um pouco mais de molho e o queijo ralado. Gratine e sirva quente.

ENIGMA PARA A SOBREMESA

9. O bilhar era o jogo preferido do jovem Kant. Na época de maturidade, parece esquecê-lo e concentra-se no projeto de encontrar a síntese entre o empirismo e o racionalismo. O dilema a seguir tenta erguer uma ponte entre estas duas escolas filosóficas e as habilidades de pensamento que as definem, ao mesmo tempo em que recupera o espírito lúdico de sua juventude. Temos seis bolas de bilhar colocadas alternadamente (vermelha, branca, vermelha, branca, vermelha, branca): deve-se conseguir que todas as brancas fiquem à esquerda, seguidas das vermelhas à direita ou vice-versa. Para isso, apenas é possível mover as bolas de duas em duas, pegando bolas adjacentes sem mudá-las da ordem e colocando-as num lugar vazio. Somente se pode fazer três movimentos.

Se ainda restar energia intelectual, propomos outro problema: o que você faria para que uma das bolas do problema anterior percorresse uma curta distância, detivesse-se completamente, invertesse o sentido do percurso e retornasse ao ponto de partida? (Não deve quicar, nem se pode prender qualquer item à bola de bilhar.)

A indigência no conjunto

(Menu heideggeriano)

A fome é enfadonha.

Anônimo

Para Platão, o pensamento nasce do assombro. Apenas os sujeitos com capacidade de se surpreender diante do que os outros consideram sem importância têm a possibilidade de engendrar novas idéias. Não significa que se possa viver sem pensar, mas, sim, que é possível viver, e sem dúvida muito bem, sem filosofar. De acordo com essa afirmação, os pensamentos ligados aos objetos e que têm como horizonte imediato a utilidade não passariam do tecido epitelial das coisas.

Aristóteles propõe outra possibilidade famosa. Para o pensador da Macedônia, o grande motor do pensamento é a curiosidade. Não em vão, em seu livro mais importante atribui a todos os seres humanos o desejo de aprender, a vontade de saber; uma sede de conhecimento, diga-se de passagem, que o contato com as aulas, por mais breve que seja, habitua a contrariar. Vai-se perdendo a curiosidade na medida em que se fossiliza a inteligência. E até a máxima sensação de bem-estar que somos capazes de imaginar, a felicidade, definiu-se em relação ao vigor com que mantemos o desejo de escrutinar a realidade: "A felicidade é o interesse amável pelas pessoas e as coisas", na versão de Bertrand Russell.

Por sua vez, Heidegger atribui este privilégio ao tédio, o qual, acredita, nos permite explorar o grande vazio vital e ouvir o sussurro fundamental da existência. Encontramos aí o tempo puro, a pura essência. O tédio é, portanto, o momento em que notamos como o tempo passa, precisamente porque este não quer passar. O cultivo do pensamento não é possível, para Heidegger, sem essa queda, sem essa perdição, sem esse abandono.

A análise de Heidegger transforma-se numa exploração do suposto deserto do pensamento. A abulia, num primeiro momento, atribui-se a algo concreto, começando com o tédio "com algo" ou "de algo". Aqui temos ainda um objeto identificável, que, se alterado de algum modo, pode ser que nos permita escapar desta sensação tão incômoda. De certa forma, tem uma causa externa claramente identificável. Porém, há outro tipo de melancolia, que não podemos atribuir a nada concreto. "O irritante do tédio está em que nas situações correspondentes começamos a ser entediantes a nós mesmos". O tédio mais profundo é anônimo, não há nada concreto que o produza. A causa do tédio é tudo e não é nada. Entedio-me de mim mesmo, entediam-me os amigos, entediam-me as atividades que realizo. Heidegger afirma que, ao chegar a este ponto, "a pessoa está à mercê do ente que nega a se conceder em sua totalidade".

Encontramo-nos no coração da metafísica, segundo a vontade de Heidegger. Nos primeiros anos depois do surgimento de *Ser e tempo*, tinha de afrontar o fato de que, em qualquer contato com o público, esperava-se dele o esclarecimento das partes mais abstrusas de seu livro. Heidegger, porém, não renuncia a exercer sua liberdade de pensamento explorando novos horizontes. Nas lições de metafísica durante o inverno de 1929-1930, propõe os temas da finitude, a solidão, o tédio, em última instância, "o acontecer fundamental da existência humana".

No entanto, não percamos de vista nosso objetivo: a experiência ambivalente do fluxo temporal que pára é o drama central do tédio que Heidegger explora. Quando já nada anda, nós mesmos temos de nos colocar em marcha:

Contudo, aquilo que é desterrador em si, o tempo [...], dá a conhecer e propriamente possibilita [...] é nada menos que a liberdade do ser-aí em sua mais pura acepção. Pois esta liberdade do ser-aí só se dá no libertar-se do mesmo. Assim, o libertar-se do ser-aí só se produz em cada caso quando ele se resolve a ser ele mesmo.

Estamos, como dizíamos, no semestre do inverno de 1929-1930. Inicia-se o período do grande estancamento e da pobreza que, conseqüência da grande crise econômica mundial, condenará à fome milhões de pessoas. Paradoxalmente, é nesse mesmo ano, 1929, que se funda a companhia de *fast-food* mais famosa do mundo. Heidegger faz uma descrição dramática desse panorama devastado: "Por todo lugar, há comoções, crises, catástrofes, necessidades: a miséria atual, a confusão política, a impotência da ciência, o esvaziamento da arte, a falta de chão na filosofia e da força na religião. Sem dúvida nenhuma, há problemas por toda parte". Contra estes males, oferece-se todo tipo de soluções, paliativos, receitas no âmbito político, econômico, social. Heidegger tem outra opinião, muito arriscada, aliás, como depois se acabaria demonstrando: é preciso explorar o grande vazio deixado pela cultura ocidental. Não devemos tentar evitar a queda, porque "esta inquieta defesa contra todas as necessidades precisamente não permite que aflore a indigência no conjunto", adverte o pensador da Floresta Negra.

A crise econômica mundial foi precipitada pela crise da economia norte-americana, que começou em 1928 com a queda dos preços agrícolas e estourou quando, em 29 de outubro de 1929, a Bolsa de Nova Iorque quebrou. Nesse dia, caiu rapidamente a cotação de inúmeras ações e venderam-se de maneira precipitada aproximadamente dezesseis milhões de títulos.

Com as exceções de Japão e União Soviética, a crise abateu em maior ou menor medida a totalidade das economias, sendo que na Alemanha seus efeitos foram particularmente negativos: a economia alemã não conseguiu resistir à saída de capitais norte-americanos e à falta de crédito internacional. O comércio exterior contraiu-se bruscamente, e a produção manufatureira decresceu entre 1929 e 1932 a uma média anual de 9,7%. O desemprego, que em 1928 afetava por volta de 900 mil pessoas, duplicou em um ano e, em 1930, o número de desempregados chegava já a 3 milhões de trabalhadores. A diminuição da demanda que isso provocou fez com que o desemprego se elevasse à cifra de 4,5 milhões em julho de 1931 e a 6 milhões no ano seguinte.

Em 1933, algumas economias estavam a caminho da recuperação; aparentemente, o pior da depressão já havia passado. Porém, seus efeitos a curto prazo foram devastadores. Primeiro, o desemprego alcançou cifras jamais conhecidas: 14 milhões nos Estados Unidos, 6 milhões na Alemanha, 3 milhões na Grã-Bretanha e cifras comparativamente parecidas em diversos países. Segundo, a crise social favoreceu o extremismo político. O temor real ou fictício ao avanço do comunismo e da agitação revolucionária provocou em muitos países o auge de movimentos da extrema direita e em alguns, como os dos Bálcãs e os bálticos, a implantação de ditaduras fascistas. Pior ainda, a crise contribuiu decisivamente para o colapso da República de Weimar e para a chegada de Hitler ao poder.

A indigência em seu conjunto não expressa, portanto, uma necessidade particular, mas o contato com o vazio ao qual se vê precipitada a cultura ocidental. O que encontra o homem neste *cul-de-sac*? Certamente o espanto que lhe produz o contato com o nada. E também a cobrança do ser para que torne seu o tempo e tenha a coragem de ser ele mesmo junto com seus congêneres. Para Heidegger, nesse contexto, infundir espanto e fazer com que desperte a capacidade de filosofar acabam sendo a mesma coisa.

A análise da angústia e do tédio realizada por Heidegger conduz-nos, em primeiro lugar, à afirmação do pensamento e, num segundo momento, a explicitar a necessidade de se ter uma experiência geral e profunda do mundo que o acontecer diário nos impede de perceber. A análise minuciosa do tédio não é senão uma tentativa de tornar evidente "a indigência em seu conjunto".

Na atualidade, fugimos do tédio recorrendo às distrações, pois nada nos repugna mais do que esse cansaço indolente, esse fastio, esse tédio originados por não termos algo que nos distraia ou divirta. Apesar disso, o tédio transforma-se numa das epidemias mais expandidas da civilização do ócio: entediamo-nos porque nos divertimos demais. Nenhum dos engenhos contemporâneos de diversão consegue afugentar esta sensação, muito pelo contrário.

O tédio é uma cunha que se incrusta nas frestas do magma de plenitude do ócio e o estoura. "Como o ar que ocupa o vazio entre os corpos", o tédio preenche invariavelmente os intervalos de nossa vida com uma preocupação almofadada que se caracteriza por sua carência de propriedades. Essa espécie de emoção sem rosto, silêncio metafísico, excesso de consciência, enfatiza o vazio da existência.

É, no entanto, neste deserto doméstico que, segundo Jankélévitch, somos mais conscientes do tempo do que em qualquer outra situação, um fato crucial. A cova da consciência enche-se do som penetrante de um relógio. O tédio é o problema causado pela ausência de problemas. O enfado expressa o dissabor diante da vacuidade de nossa vida, que não podemos evitar, embora a lotemos de trastes. A letargia é, sobretudo, uma lúcida consciência da temporalidade.

A forma mais "natural" de combater o tédio é comer ou dormir. Porém, também é a via mais fácil para silenciar quase todo o juízo sem aproveitar a força da consciência da temporalidade. Outras soluções não são menos estéreis; por exemplo, a de nos proteger do enfado com a companhia de outro, o que apenas acaba multiplicando o desassossego, além de nos negar a possibilidade de desfrutar a solidão.

O ruído da diversão com freqüência carece da força suficiente para silenciar o desassossego da consciência isolada. A atividade desenfreada a que nos habituou nossa civilização não chega a completar todos as brechas da vida. Curiosamente, pode-se comprovar que os extrovertidos e as pessoas com uma vida pública agitada se vêem mais afetados pelo tédio que os introvertidos, já que os primeiros necessitam cada vez mais de um número maior de estímulos para escapar da sensação de que tudo é igual.

A capacidade de suportar uma vida mais ou menos monótona é essencial, sobretudo porque não podemos poupá-la completamente. O ritmo da vida na Terra é lento, lembra-nos Russell: o descanso é tão essencial quanto a atividade, sendo por isso necessário que o homem adapte-se à sucessão temporal monótona e hegemônica que presidirá sua existência. É imprescindível, portanto, para viver adquirir certa capacidade de conviver com o tédio.

Muito mais longe vai a proposta de Jankélévitch: há que se aproveitar a consciência da temporalidade para dar um novo rumo à vida. Devemos ser conscientes do leve murmurar da areia que escapa imperceptivelmente de sua prisão transparente e pode nos levar a tentar "matar o tempo" ou "passar o tempo" com distrações estéreis, vexatórias ou cruéis, mas também a "tomar nosso tempo" para preencher esse espaço vazio com sonhos. O tédio proporciona-nos a oportunidade de recuperar o tempo como o âmbito da quimera.

Os teóricos das habilidades de pensamento chegam a conclusões similares. Habitualmente, hoje se dá como boa, basicamente, a descrição de Henri Poincaré do processo criativo: preparação, incubação, compreensão e verificação. Embora possamos encontrar todo tipo de caracterizações deste processo, em todas elas se admite que é imprescindível um "tempo morto", em que as idéias se decantem antes de sua eclosão definitiva. A criatividade não justifica de maneira alguma o imediatismo a que nos quer precipitar a cultura contemporânea, e a lentidão, o recesso, o intervalo, dar-se tempo e a pausa são imprescindíveis neste contexto.

Um psiquiatra contemporâneo, de ampla predicação, ilustra esta mesma idéia com a seguinte história:

Era uma vez um lenhador que se apresentou para trabalhar numa madeireira. O salário era bom e as condições de trabalho, melhores ainda. Assim, o lenhador se propôs a realizar bem seu serviço. No primeiro dia, apresentou-se ao capataz, que lhe deu um machado e destinou-lhe uma área da floresta. O homem, entusiasmado, foi à floresta para a derrubada. Num só dia, cortou dezoito árvores.

– Parabéns! – disse o capataz. – Continue assim.

Animado pelas palavras do capataz, o lenhador decidiu melhorar ainda mais seu serviço no dia seguinte. Assim, naquela noite ele se deitou bem cedo. Na manhã seguinte, levantou-se antes de todos e foi para a floresta. Apesar de todo o seu empenho, não conseguiu cortar mais do que quinze árvores.

– Devo estar cansado – pensou.

E decidiu deitar-se ao pôr-do-sol.

Ao amanhecer, levantou-se decidido a bater sua marca de dezoito árvores. No entanto, nesse dia não chegou nem à metade. No dia seguinte foram sete, depois cinco e no último dia esteve a tarde toda tentado derrubar sua segunda árvore.

Preocupado com o que lhe diria o capataz, o lenhador foi contar a ele o que estava acontecendo e jurar e perjurar-lhe que estava se esforçando até os limites do desfalecimento. O capataz perguntou:

– Quando você afiou o machado pela última vez?

– Afiar? Não tive tempo de afiar: estive ocupado demais derrubando árvores.

Descansar, mudar de ocupação, deixar a mente em branco, entediar-se até desfalecer sem tentar fugir espavorido diante da indolência da passagem lenta das horas pode ser muitas vezes uma boa forma de afiar nosso machado. O medo do tédio lança-nos às garras da alienação em forma de gulodice, sonho ou divertimento.

Durante toda sua vida, Heidegger freqüentou uma cabana na floresta de nosso lenhador. Pela manhã trabalhava, depois de comer descansava, e, a seguir, novamente trabalhava, tarde adentro. Os passeios o conduziam com freqüência à *jägerhäusle* (cabana dos caçadores), uma enorme hospedaria na ladeira que levava à cidade. Gostava de ficar ali conversando com os camponeses, com quem compartilhava opiniões, vivências e gostos culinários.

Ia à casa dos vizinhos mais próximos para ver as retransmissões televisivas da Copa da Europa de futebol. Conta um de seus biógrafos que, no lendário jogo entre Hamburgo e Barcelona, no início dos anos 1960, chegou a derrubar uma xícara de chá sob o efeito da excitação. Sentia grande admiração por Beckenbauer, a quem qualificava de "jogador genial", discutindo acaloradamente com qualquer um que discordasse dele.

Durante os últimos anos de sua vida, ocupou-se, sobretudo, da preparação da edição completa de suas obras, as quais queria chamar de *Caminhos*.

A senda por que seguiu Heidegger é estreita e escarpada. Não permite o passo rápido, nem a circulação de grandes multidões. Encontra-se protegida por grandes árvores no coração de uma floresta densa que guarda zelosamente os segredos de seus habitantes. A luz penetra com dificuldade no manto verde tecido pelos ramos dos abetos. Com freqüência, o caminho cruza-se com outros atalhos e o passante perde o rumo.

Diferentemente do pensamento de Kant, Descartes ou Aristóteles, não existe um sistema heideggeriano. A paixão de Heidegger era perguntar, não responder. Considerava as perguntas "a devoção pelo pensamento", porque abrem novos horizontes. "Já faz tempo, tempo demais, que o pensamento está sentado num solo estéril". Deve-se regar esta terra baldia com perguntas para que se germine o pensamento. A filosofia é uma forma de interrogar o tédio, sem deixar-se vencer por ele, nem transformá-lo num escabelo.

O Prato do Dia
Caldo vazio

RECEITA PARA QUATRO PESSOAS

Metade de um frango, 100 g de bacon, 1 cebola, metade de uma couve, 2 cenouras, 200 g de grão-de-bico, 200 g de feijões secos, 250 g de carne de bezerro, 1 osso pequeno de porco, 1 orelha de porco, ¼ de galinha, 1 pedaço de paleta de cordeiro, 1 kg de batatas, 1 maço de aipo, 1 alho-poró, 1 nabo, 1 pastinaca, sal, açafrão, 4 ℓ de água e salsinha.

Pode-se comprovar a passagem lenta e inexorável do tempo fazendo um caldo daqueles de antigamente, que leva umas quatro horas de trabalho. Fique observando como os diferentes ingredientes vão se diluindo no líquido lentamente: é uma vivência do tédio que põe à prova a resistência de qualquer cozinheiro. O resultado final, o caldo limpo, é um modelo de vazio existencial que provoca um diálogo cheio de perguntas sobre o que fazemos, tomando ou comendo uma "água" vazia/cheia de conteúdo, fruto de um longo cozimento de 18 ingredientes, entre verduras e carnes: é uma metáfora gastronômica de nossa sociedade, que despreza o vazio e persegue uma plenitude quimérica que lhe escapa.

Numa panela grande, coloque 4 litros de água fria e as verduras, osso de porco, carne de bezerro, orelha de porco, feijão e grão-de-bico, deixando-os ferver por uma hora.

Então acrescente a carne de cordeiro e o bacon, deixando-os ferver mais 30 minutos. A seguir, coloque o frango e a galinha e sal a gosto. Deixe ferver por mais ou menos 30 minutos e acrescente as batatas cortadas em pedaços e açafrão. Deixe até que tudo esteja bem cozido. Prove o caldo e retifique o sal, se for necessário. Por fim, coe o caldo para servir apenas o líquido resultante bem quente.

APRESENTAÇÃO: encha com caldo quente uma vasilha de barro para cada comensal e salpique um pouco de salsinha cortada bem fina. Tome o líquido devagar, sem pressa. Para esfriá-lo, mova suavemente a vasilha com as mãos formando círculos, cuidando para que o líquido não transborde. De modo algum use a colher: deve-se viver a vacuidade de forma minimalista.

ENIGMA PARA A SOBREMESA

10. Heidegger encontrou no tédio um grande incentivo para o pensamento, sendo que os enigmas com que combatemos o tédio demonstram o mesmo. Este é um bom exemplo:

Como continua a seguinte série numérica: 14, 12, 9, 11...? (É preciso encontrar no mínimo dois números mais.)

O banquete idealista

(MENU PLATÔNICO)

Os bons vão espontaneamente às comidas dos bons.

PROVÉRBIO CITADO POR SÓCRATES

Sócrates chegou tarde, pois ficara entretido com um conhecido que viu na rua. Aristodemo, que cruzara com ele e também fora convidado ao jantar, avisou aos demais comensais do atraso. Aguardando, estão Fedro, seguido de Sócrates; Pausânias, amante de Agatão e defensor da pederastia; Erixímaco, que é médico assim como seu pai; Aristófanes, o mais importante poeta cômico que nos chegou da Antiguidade; e Agatão, anfitrião da festa e poeta trágico. Muito mais tarde aparecerá em cena Alcibíades, com mais ou menos 34 anos quando se realiza esta reunião e que está no ponto mais alto de sua popularidade.

Quando Sócrates chega, a refeição está terminando. Quando terminam de comer, os convidados continuam bebendo, ainda à mesa. Neste momento, Erixímaco propõe, acolhendo uma idéia de Fedro, que cada um faça um discurso de louvor em honra a Eros, proposta esta apoiada por todos, inclusive por Sócrates.

O primeiro a tomar a palavra é Fedro. O discípulo de Sócrates recorda o caráter divino de Eros e espera que este provoque uma dupla ação no namorado: inibir os atos vergonhosos e incrementar os nobres. Assim, situa sua ação divina na alma de quem ama e não do amado, como posteriormente fará Sócrates. Na mesma direção Pausânias faz sua intervenção, dizendo que os filhos do espírito são superiores aos da carne e, em última instância, os únicos que enaltecem as pessoas.

É o turno de Aristófanes; porém, como lhe sobrevém um ataque de soluço, cede sua vez a Erixímaco. Este, fazendo-se eco da dicotomia estabelecida pelo anterior, distingue um "amor belo" e um "amor mórbido", caracterizados, respectivamente, por fazer unirem-se os contrários e por favorecer a união dos semelhantes. O primeiro, segundo sua opinião, é causa de saúde, enquanto o segundo representa a busca egoísta do que é semelhante e conduz a doença.

Aristófanes, já recuperado de seu soluço, inicia um curto diálogo com Erixímaco no qual este o adverte que deve falar seriamente. Segue-se agora sua intervenção, que é uma das passagens mais conhecidas deste diálogo, o mito do andrógino, sempre agradável de recordar:

> Em primeiro lugar, eram três os gêneros dos homens, não dois, como agora, masculino e feminino, mas havia também um terceiro que participava destes dois, cujo nome perdura até hoje, embora como gênero tenha desaparecido. Era então, o andrógino uma só coisa, como forma e como nome, partícipe de ambos os sexos, masculino e feminino, mas agora não é mais que um nome desaparecido no opróbrio. Em segundo lugar, a forma de cada indivíduo era em sua totalidade redonda, suas costas e suas laterais formavam um círculo; tinha quatro braços, pernas em número igual ao dos braços, dois rostos sobre um pescoço circular, semelhantes em tudo; e sobre estes dois rostos, colocados em sentidos opostos, uma só cabeça; além disso, tinha quatro orelhas, dois órgãos sexuais e todo o resto era tal como podemos imaginar por esta descrição. Caminhava em posição ereta como agora, para frente ou para trás, conforme sua vontade; mas, sempre que desejasse correr com rapidez, fazia como os acrobatas, que dão um salto mortal girando suas pernas até cair na posição vertical; e, como eram então oito os membros nos quais se apoiava, avançava girando sobre eles com grande velocidade... Eram,

portanto, seres terríveis por seu vigor e sua força; grande era também a arrogância que tinham, e atentavam contra os deuses. Deles também se diz, pelo que conta Homero de Efaltes e de Oto, que tentaram fazer uma escalada para o céu a fim de atacar os deuses. Zeus e os demais deuses deliberaram, então, sobre o que deveriam fazer e ficaram num grande aperto. Não lhes era possível dar-lhes a morte e extirpar sua linhagem, fulminá-los com um raio como aos gigantes, pois, nesse caso, as honras e os sacrifícios que recebiam dos homens acabariam; mas também não podiam consentir tal insolência. Com grande esforço, por fim, Zeus concebeu uma idéia e declarou: "Parece-me que existe uma solução para que possa haver homens e para que, por ter perdido força, cesse seu desenfreio. Agora mesmo vou cortar em dois cada um deles, e assim serão ao mesmo tempo mais fracos e mais úteis para nós, por terem multiplicado seu número" [...] Mais uma vez foi separada a natureza humana em duas, e cada parte desejava sua outra metade, reunir-se com ela... Desde época tão remota, então, é o amor entre os seres natural aos homens e lembra-lhes de sua antiga natureza, e trata de fazer, de dois, um só ser e de curar a natureza humana. Cada um de nós, efetivamente, é uma contra-senha de homem, como resultado do corte em dois de um só ser, e apresenta um único rosto, como os linguados. Daí que cada um busque sempre a sua própria contra-senha.

Vemos, então, que Aristófanes destaca que o amor obedece a um íntimo desejo de restituição de uma plenitude perdida. O mito do andrógino explica esplendidamente a plenitude que comporta o sentimento amoroso.

O discurso de Aristófanes é elogiado por Erixímaco, que agora recorda que restam por falar ainda Agatão e Sócrates. Agatão começa a fazê-lo destacando o que lhe parece faltar nas outras intervenções: seu discurso associa estreitamente o amor à beleza.

O elogio de Sócrates ao deus do amor é produto dos ensinamentos que, sobre essa matéria, recebeu um dia da sábia Diotima. Sócrates associa este sentimento ao desejo de imortalidade que os seres humanos possuem, que é um desejo de procriação do belo. Para ele, a maneira correta de se comportar com respeito ao amor é ascender do concreto para o geral, ou seja, passar das relações com determinada pessoa para tentar entender, em abstrato, a beleza em si. O iniciado nos mistérios do amor costumará enamorar-se primeiro de um belo corpo e engendrar nele belos projetos; percebendo-se, contudo, da formosura existente para além dessa realidade, passará depois a amar a beleza que encontra em todos os corpos e, em seguida, a beleza das almas.

Quando Sócrates termina seu discurso e no exato momento em que Aristófanes dispõe-se a fazer alguma observação, irrompe na casa Alcibíades, completamente embriagado. Ele é convidado a ficar. Ao perceber a presença de Sócrates, estabelece com ele um breve diálogo, sendo então convidado a pronunciar um discurso. A finalidade principal da fala de Alcibíades é demonstrar que Sócrates aconselha com o exemplo e coloca em prática os ensinamentos de Diotima.

Quando Alcibíades termina o seu discurso, Sócrates pretende iniciar um elogio a Agatão, quando, mais uma vez, irrompe na sala outro tropel de pessoas festejando não se sabe o que e provocando uma terrível balbúrdia. Bebe-se sem controle, alguns comensais vão embora e outros, dormem, entre eles Aristófanes. Sócrates continua conversando com os que ainda resistem. Finalmente se levanta e, em companhia de Aristodemo, segue para o Liceu, onde fica até o entardecer, quando então se retira para descansar em casa.

O conteúdo da filosofia platônica é apresentado num discurso dialogado que entrecorta a intervenção dos interlocutores e que possui um grande valor literário. Como a escrita apenas era usual na comunicação coloquial, a única forma de contato interpessoal era a oral. E Atenas era uma cidade que facilitava extraordinariamente isso, graças à grande quantidade de espaços públicos que ostentava. Isto é assim até em *O banquete*, o menos dialogado dos ensaios platônicos, que fora escrito desse modo, inclusive com seus longos monólogos entrecortando-se em forma de diálogo.

Fruto da democracia que se iniciara no século V a. C., o diálogo supõe a eliminação dos dogmatismos, no mínimo, dos estilísticos. A verdade não chega aos ouvidos das pessoas graças à intervenção pomposa de um sacerdote, um rei ou um político, mas se encontra nos lugares públicos por onde passeiam os cidadãos e os aborda de forma coloquial, ou seja, ninguém está autorizado a administrar despoticamente o discurso, e muito menos quando nos referimos à verdade.

Um diálogo não é possível sem perguntas. As questões permitem não só esclarecer dúvidas ou estabelecer relações, mas também que a conversa explore novos horizontes. São centenas as perguntas com que deparamos nos diálogos platônicos, segundo a breve antologia proposta por Lledó: "Responda, Sócrates, o que é a retórica em sua opinião?", "O que dirias, Hípias, que é a lei: um bem ou um mal para as cidades?", "O poder da opinião é análogo ou diferente da ciência?"...

As respostas podem ser de dois tipos, também na linguagem de Lledó: descritivas ou lógicas. As primeiras aludem a um sistema conceitual conhecido a partir do qual esperamos a resposta; por exemplo: o que é um juízo sintético *a priori*? Enquanto as segundas não esperam uma resposta a partir de nenhum sistema conceitual determinado e, mais, impelem-nos a ir além dos âmbitos conceituais conhecidos; por exemplo: O que é a verdade? O que é a beleza? Ou o que é a bondade? Estas são as questões que definem a filosofia platônica e o cultivo em geral do pensamento.

Os teóricos atuais das habilidades de pensamento estariam basicamente de acordo com esta proposta, apesar de utilizarem uma linguagem muito diferente. Eles falam de um primeiro modelo de perguntas descritivas ou informativas – como, por exemplo, "Como se chega à casa de Agatão?" ou "Quando se serve o vinho?" – com as quais buscamos uma informação imediata que, de modo algum, questiona nada ou nos motiva a refletir sobre algo. Essas perguntas são, sem dúvida, as mais utilizadas pelo conjunto dos mortais, porque são inevitáveis e sem elas não poderíamos viver. No entanto, existe uma grande diversidade de formas de propor as interrogações que nos passam despercebidas e que ampliariam muito, quantitativa e qualitativamente, nossa capacidade de adquirir conhecimentos. Perguntas interpretativas, como "o que significa que toda alma é imortal?"; ou comparativas como, por exemplo, aquela que mencionamos antes, "o poder da opinião é análogo ou diferente da ciência?". Ou perguntas reflexivas, as mais propostas por Platão: "O que é a verdade?", "O que é a justiça?", "O que é a beleza?"... Ou perguntas sintéticas, como "Responda, Sócrates, o que é a retórica em sua opinião"; ou perguntas estimulantes, como "Por que não praticaram a ciência profusamente os gregos?"; ou perguntas hipotéticas, como "O que faria, prezado Sócrates, se fosse nomeado presidente do governo?"... Questões, enfim, que abrem o leque do conhecimento, ao mesmo tempo que nos permitem aprofundar as interrogações que definem o entendimento, a inteligência e a razão natural.

Aristóteles, em *A metafísica*, já advertia que o assombro é a base da sabedoria. Somente aquele que tem a capacidade de se maravilhar por que as coisas são de uma maneira determinada pode-se atrever a perguntar por que não são diferentes. Estudiosos contemporâneos dos processos criativos recomendam aplicar a seguinte bateria de perguntas antes de se propor um novo objeto: Outros usos? E se for modificado? Adaptação? Parece-se com outra coisa? Sugere outras idéias? Poderia ser copiado? Aumentar de tamanho? O que é possível acrescentar? Mais tempo? Mais freqüência? Mais forte? Mais alto? Duplicá-lo? Multiplicá-lo? Diminuí-lo? O que se pode tirar? Pode ser feito menor? Mais condensado? Mais baixo? O que se pode suprimir? Pode-se dividir? Substituir? O que se pode colocar em seu lugar? Outros materiais? Outros procedimentos? Outras fontes de energia? Reordenar? Intercambiar os componentes? Outros modelos? Uma ordem diferente? Mudar de aspecto? Investir? Considerar uma versão contrária? Trocar? Mudar de posição? Combinar? Por que não se tenta uma combinação? Enlaçar unidades? Que finalidade tem? Que incentivos propõe? Que idéias o definem?

As perguntas animam-nos a estabelecer novas relações com os elementos que já conhecíamos. Também nos obrigam a propor suas deficiências e estimulam-nos a corrigi-las. Além disso, permitem-nos ver os fatos a partir de uma nova perspectiva e aumentam a possibilidade de que encontremos implicações que nos tinham passado despercebidas.

Lendo *O banquete*, propõem-se ao leitor inúmeras questões desconhecidas e sugestivas, entre as quais no mínimo uma terá passado em algum momento por sua mente: por que não se fala de alimento num diálogo que basicamente está voltado a descrever um grande ágape? O que comiam os convidados de Agatão? Como se organizava um banquete à época?

Platão talvez não as responda, porque não tinha em muito alta estima a culinária. Segundo Platão, junto às artes verdadeiras, como são em sua opinião a medicina ou a política, convivem as pseudo-artes, que nada mais são que disciplinas de cunho inferior, como a ginástica, a cosmética, a retórica e a culinária. O cozinheiro busca "apenas" o prazer, enquanto o médico encontraria a verdade, aos olhos de Platão.

A base da alimentação na Atenas de sua época era constituída essencialmente por cereais, trigo e cevada, além das especiarias. Quando Platão, em *A República*, quer descrever uma vida sadia, afirma:

> Para alimentar-se, os homens fabricarão certamente farinha, seja com cevada ou com trigo, que será amassado ou tostado; farão belas tortas e pães que servirão em balaios ou folhas muito limpas.

As verduras escasseavam e eram relativamente caras na cidade, exceto as favas e as lentilhas. Também se consumia muito alho, queijo e cebola. Na Ática, abundavam as azeitonas que tanto agradavam Platão e das quais Epicuro faria um autêntico panegírico.

A carne era cara, exceto a de porco, e os pobres da cidade apenas a consumiam nas grandes ocasiões. O peixe, juntamente com o pão, era um alimento essencial na cidade. O mercado de peixe era um dos mais freqüentados e vivazes da ágora. Os atenienses gostavam tanto do pescado de água doce como do de água salgada. Também apreciavam muito os mariscos, moluscos e sépias, que abundavam nas costas de Eubéia e que tanto desprezava Sartre. A refeição costumava terminar com uma sobremesa consistente de fruta fresca ou seca, sobretudo figos, nozes e uvas, ou ainda doces feitos com mel.

Quase todas as refeições eram consumidas com os dedos, pois não se conhecia o garfo. Havia pratos de madeira, barro e metal, e os copos eram de barro. Costumavam comer inclinados num triclínio, com o torso reto. Em cada triclínio podia instalar-se mais de um convidado.

Enquanto os convidados iam se instalando, os criados ajudavam-lhes a lavar as mãos. A ceia começava com um aperitivo, que consistia numa taça de vinho aromatizado da qual bebiam todos, um por vez, antes de começar a comer. Não havia guardanapos, e assim usavam migalhas de pão para se limpar, que a seguir eram jogadas no lixo.

Alguns convidados chegavam após a refeição a fim de participar da sobremesa, que consistia basicamente em grandes e infinitas libações de vinho, como vimos o exemplo do próprio Sócrates, e algo mais que Platão sequer menciona. Os vinhos de Tassos, Quíos, Lesbos e de Rodes eram os mais famosos. Costumava-se beber à saúde de todos os assistentes, e quem desobedecesse o rei do banquete devia cumprir uma espécie de castigo, por exemplo, dançar nu ou dar três voltas pelo cômodo levando um músico no colo, cuja presença era obrigatória, pelo menos nesta parte final.

O estilo mediterrâneo dos gregos, propenso a festas e celebrações, propiciou um gênero literário específico, como demonstram *O banquete* de Platão e o de Xenofonte e, muito mais tarde, as *Conversas de mesa* de Plutarco e *Os Deipnosofistas* de Ateneu. Parece que, entre os dois primeiros, o que mais se aproxima à realidade é o segundo. Ou seja, Platão não só omite uma informação essencial sobre um banquete, a saber, a qualidade e a quantidade de alimento servido, mas também se deixa levar por suas veleidades literárias para construir uma ficção em que possa expressar seus pensamentos sobre o amor sem mencionar as práticas amatórias reais em que desembocam habitualmente os grandes ágapes.

No banquete de Xenofonte, os discursos transformam-se numa conversa animada e caótica sobre os temas mais variados. Na parte final, também descreve as distrações dos convidados, que, além da música ou da conversa livre, também se divertiam com adivinhações e enigmas. Dos jogos nos quais participavam, o mais famoso era o cótabo.

O cótabo consistia em encher um copo e colocar em seu interior, flutuando, alguns barquinhos de barro. Ao servir o vinho, o jogador deveria cobrir essas pequenas embarcações até afundá-las. Ganhava o jogo a pessoa que provocasse mais naufrágios em miniatura.

O banquete platônico evita as referências à comida porque supõe que todos os convidados estejam saciados. A filosofia idealista costuma cometer semelhante erro ao partir da mesma falsa suposição. O futuro da boa mesa e, o que é talvez mais importante, o porvir das relações humanas estarão condicionados absolutamente por este mal-entendido, que, com o tempo, não só não diminuirá, mas também se intensificará e aumentará.

O Prato do Dia
Torta de azeitonas

RECEITA PARA QUATRO PESSOAS

500 g de requeijão, 100 g de azeitonas pretas sem caroço, 100 g de azeitonas verdes sem caroço, 100 g de azeitonas ao gosto do cozinheiro ou cozinheira, 50 g de nozes descascadas e moídas, 200 ml de azeite de oliva, duas
ascalônias (chalotas), ervas aromáticas (tomilho, manjericão, etc.).

O prato que apresentamos provoca todo tipo de perguntas que favo-
recem um excelente diálogo platônico: É uma torta? É doce ou salgada?
Que ingredientes ela tem? Como foi feita? Que sentido tem esta mistura?
Pode ser dividida? Qual é seu oposto? Que idéia define o prato? É bom
para a saúde? Além disso, é 100% grego, com as azeitonas e o requeijão, e
reúne uma das preferências culinárias de Platão. O tema de conversa para
depois da refeição parte da seguinte interrogação socrática: para comer
lentilhas, é melhor colher de pau ou de ouro?

Num recipiente, misture o requeijão e as nozes picadas e moídas até
obter uma pasta homogênea. Acrescente um pouco do azeite e misture
tudo. Em outro recipiente, misture os três tipos de azeitonas sem caroço
com as duas ascalônias e o azeite, tudo bem triturado, até obter uma pasta homogênea.

Numa forma retangular forrada com papel alumínio, coloque uma
primeira camada da massa de requeijão com nozes, apertando bem. Por
cima, ponha a massa de azeitonas que preparamos e pressione bem outra
vez. Deixe a forma na geladeira por uns quinze minutos para que a torta
fique compacta. Retire e coloque por cima outra camada de massa de
requeijão, apertando bem outra vez e espalhando-a por cima da massa
de azeitonas. Deixe outra vez na geladeira durante quatro horas.

APRESENTAÇÃO: desenforme a torta com cuidado e corte-a em pedaços. Coloque um pedaço de torta em cada prato, salpique com ervas aromáticas e acompanhe com uma azeitona de cada tipo e um pouco de requeijão.

ENIGMA PARA A SOBREMESA

11. Para entrar na academia platônica, era preciso atravessar um arco em que estava escrito: "Que ninguém que não saiba matemática passe por baixo". Disto é que se trata este enigma: mediante operações matemáticas nas quais só podem intervir quatro números 9, obtenha 100 como resultado.

Dioniso sóbrio

(MENU VITALISTA)

> *A água basta.*
>
> NIETZSCHE

No dia 19 de abril de 1869, Nietzsche chega à Basiléia e, aos 24 anos, sem ter sequer o título de doutor, é nomeado catedrático da Universidade dessa cidade. Suas aulas começam com um curso sobre "Homero e a filologia clássica" e são acompanhadas com expectativa por um numeroso grupo de alunos. Nietzsche, desde o primeiro momento, é um professor brilhante, que deslumbra seus discípulos.

Apesar disso, Nietzsche não está convencido a dedicar sua vida à filologia, nem tampouco à educação. Por isso, a primeira obra que redige, no verão de 1870, reúne três preocupações diferentes, que são as que haveriam de marcar toda a sua trajetória intelectual: a filologia clássica, a filosofia e a arte, em especial a música.

Em 1871, publica, não sem dificuldades, o livro com o título de *O nascimento da tragédia*. A obra, num primeiro instante, apenas suscita a absorta admiração de Richard Wagner, mas entre a comunidade acadêmica é ignorada, quando não desprezada cruelmente.

Com um estilo barroco e lúcido, propõe uma clara contraposição entre Apolo e Dioniso: o deus olímpico contra a divindade do vinho e da vide; o espírito solar oposto ao reino das sombras; a medida e a proporção da cultura frente ao caos da criação. A divindade que encarna o bem, a razão, a ética, as idéias, a utopia, o conhecimento, rivalizando com o espírito do acaso, o mal, a vontade, a aparência sempre mutante das coisas.

Apolo era o protetor das artes, da poesia e da música, e apresentava-se tocando lira. Eternamente jovem, atribuem-se a ele numerosas relações com ninfas e mortais. Seu santuário principal foi construído em Delfos, considerado durante muito tempo o centro do mundo.

Dioniso ensinou aos homens o cultivo da vide e a elaboração do vinho. Acompanhado por uma comitiva de sátiros, mênades e ninfas, estendeu seus domínios para além da Índia e castigou severamente aqueles que se opunham a seu culto. Em Naxos, encontrou Ariadne, abandonada por Teseu, e casou-se com ela. Entre as plantas que lhe são consagradas, além da videira e do vinho, estão a hera e o louro; e, entre os animais, o bode, o leão, a pantera e o gato-almiscarado. Seu culto, muito influenciado pelos mistérios orientais, tinha lugar à noite e caracterizava-se por um furor desenfreado de caráter orgiástico que conduzia as pessoas ao êxtase.

Sobre esta contraposição aparente, Nietzsche tenta construir pontes para explicar a estética da tragédia grega, concebendo-a como um coro dionisíaco inscrito num âmbito apolíneo. Estudando a arte da antiga Grécia, Nietzsche observou que os gregos, como todos nós, tinham uma forte tendência ao incerto, espantoso, disforme – o dionisíaco –, que se opunha a uma vontade contrária de harmonia, ordem, paz – o apolíneo –, que lhes permitia manter certo equilíbrio vital.

A arte, em plena efervescência romântica, é considerada a única fonte privilegiada de conhecimento, e o artista, seu grande artífice. Nietzsche também aproveita esta tentativa de metafísica do artista para descarregar contra aquele que haveria de ser seu inimigo teórico mais destacado: Sócrates. Nietzsche atribui ao pensador ateniense a falácia mais cruel da filosofia ocidental. Trata-se de uma mentira dogmática, a contraposição entre o espírito e a vida, a racionalidade e o acaso, a moralidade e os instintos, que o conduz primeiro a identificar a virtude com o saber, para passar depois a atribuir o mal à ignorância e construir a miragem definitiva: só o virtuoso é feliz.

Para Nietzsche, Platão é apenas um discípulo aplicado de Sócrates que se encarrega de transcrever os sonhos teóricos do mestre, avalizando por escrito sua esquizofrenia epistemológica: âmbito sensível contra âmbito inteligível. Em nome do ser inteligível, suprime-se a natureza, e os valores transformam-se numa ficção alienante. A virtude é a armadilha mais evidente de uma cultura de mentecaptos.

O espírito trágico da existência resiste a dissolver as contraposições que a definem antes de explorá-las e deixar-se vencer por elas. Assim, pois, a obra de Nietzsche pode ser entendida como uma lúcida peregrinação entre o dia e a noite, Grécia e Alemanha, música e filosofia, filologia e arte, gramática e estilo, ou Wagner e Schopenhauer. Nietzsche não pretende resolver as contradições, muito menos integrá-las em sua obra e em seu périplo vital.

Todas as paixões e apetites fortes participam da embriaguez. Entre eles, Nietzsche destaca os estados provocados pela comida, a influência meteorológica e o sexo. O resultado disso é a exaltação da vida animal, dos desejos elementares, dos instintos mais primários. Ao chegarmos a esse ponto, encontramos inúmeras coincidências entre a fisiologia e a estética.

A cozinha alemã caracteriza-se, nas palavras do próprio Nietzsche, por incluir uma sopa antes da refeição, carnes demasiadamente cozidas, legumes gordurosos e farinhentos e doces que parecem pesados pesos de papéis, macerados em álcool. Diante da cozinha alemã, da qual gosta bastante, mas que considera pesada e carente de sutileza, Nietzsche opõe a do Piemonte, que considera leve e sutil. Outra vez, Apolo lutando ferozmente com Dioniso: contra o álcool, louva as virtudes da água; contra o café, prefere o chá; além de gostar também de chocolate e queijo branco.

Desde muito jovem, tem aversão à bebida oficial alemã, afirmando que a cerveja provoca uma tendência ao materialismo e fortes dores de cabeça: "As bebidas alcoólicas são, para mim, prejudiciais: apenas um copo de vinho ou de cerveja ao dia basta para fazer de minha vida um vale de lágrimas".

Michel Onfray oferece uma cronologia da alimentação de Nietzsche ao longo de quase dez anos:

> Em 1877, seu programa alimentar era o seguinte: "Meio-dia: caldo Liebig, um quarto de colherinha de chá antes da refeição. Duas fatias de presunto e um ovo. Seis, oito nozes com pão. Duas maçãs. Dois pedaços de gengibre. Duas bolachas. À noite: um pão com ovo. Cinco nozes. Leite com açúcar com uma torrada e três bolachas.
>
> Em junho de 1879, continua igual, salvo que acrescenta figos e multiplica seu consumo de leite – provavelmente para atenuar as dores de estômago. Praticamente deixa de lado a carne, já que é cara. Na década de 1880, grande parte da correspondência com sua mãe consiste em pedidos de salsichas, presunto – queixando-se da salga sem nenhuma sutileza – e também numa sugestão para que não lhe envie mais peras. Na época em que reside em Engadina, faz as compras para casa e sempre leva algumas latas de *corned-beef*. Em 1884, dores de estômago, violentas enxaquecas, transtornos oculares, vômitos; contenta-se então com uma simples maçã para comer.

Entre 1875 e 1878, escreve a primeira parte de *Humano, demasiado humano*, que concluirá em 1880. Com esta obra, inaugura seu estilo aforístico, a escrita nervosa, lacerante, fragmentária. Por outro lado, sua doença ocular o impede de escrever muitas horas seguidas e torna-se cada vez mais difícil valer-se por si mesmo em conseqüência de enxaquecas, dores nos olhos e vômitos constantes. De então até o final, no mínimo até o crepúsculo de sua lucidez, vagará pela Europa de um lado para o outro. Em 1879, aposenta-se voluntariamente da universidade.

Em 1881, publica *Aurora*. Em 1882, em Roma, conhece Lou von Salomé. Nesse mesmo ano publica *A gaia ciência*, em que fala pela primeira vez do eterno retorno e escreve a primeira parte de *Assim falou Zaratustra*. O livro, considerado por muitos a grande obra de Nietzsche, foi finalizado e publicado entre os anos de 1883 e 1885. Vive de maneira errante, de pensão em pensão, castigado pela doença. Em 1886, publica *Para além do bem e do mal* e, no ano seguinte, *A genealogia da moral*.

O nascimento da tragédia contém quase todos os elementos da filosofia de Nietzsche: a antítese entre o apolíneo e o dionisíaco, que reivindica a arte como forma suprema de conhecimento, ataca o socratismo em todas as suas frentes e introduz o conceito fundamental de jogo, numa clara reminiscência a Heráclito – "A vida é uma criança que brinca ao acaso". Para Nietzsche, o homem intuitivo, o artista, é superior ao lógico e ao científico, sobretudo porque é o único que entende que a vida é contingente, sendo capaz de assumi-lo tanto em sua vida como em sua obra.

A razão, que monopolizara o comércio intelectual das idéias, é frontalmente criticada. Como habilidade de pensamento, o acaso distingue-se por sua receptividade. A efetividade deste método reside em pensar que não se busca nada concreto. O autor, na hora de tentar gerir essa soma de acasos, procura integrar em seu projeto aquilo que acidentalmente encontra pelo caminho. O jogo criativo também comporta algumas boas doses de realimentação prazerosa, que não se justificam para além delas mesmas e que mantêm vivo o projeto no tempo.

Se o acaso é a técnica de pensamento que pode explicar tanto formal como materialmente a primeira obra de Nietzsche, a síntese criativa ajudar-nos-ia a entender muito melhor a segunda. O estilo aforístico de Nietzsche permite-lhe concentrar suas idéias em fragmentos que têm uma origem biográfica e que estão muito trabalhados literariamente. Duas características definem essencialmente essa técnica: sua capacidade para condensar os conteúdos e sua virtude para provocar a surpresa do leitor. A previsibilidade, como constata Barthes, fica fora de toda linguagem realmente livre.

Nietzsche concebe a inversão do idealismo como a tarefa que deve realizar agora. Essa é a boa-nova que, em *Aurora* e em *A gaia ciência*, se vai anunciando: a aniquilação da visão idealista do mundo passará pela destruição da religião, da moral e da metafísica burguesas. Esses dois livros também apresentam as idéias básicas e centrais que Nietzsche desenvolverá posteriormente em *Assim falou Zaratustra*: a morte de Deus, a vontade de poder, o eterno retorno do mesmo e o super-homem.

A inversão nietzschiana com relação ao pensamento filosófico tradicional tem seu ponto de partida na primazia dada ao corpo sobre o espírito. Porém, não só nesta idéia, mas também na transmutação dos valores que propõe nos livros de temática ética, seu giro radical sobre os conceitos de bondade, o desprezo da tradição filosófica, as críticas à igreja ou sua reivindicação da intuição frente à lógica como uma fonte solvente de conhecimento.

Como técnica de pensamento, a inversão caracteriza-se por mudar a ordem dos termos: o que está em baixo coloca-se em cima ou o que está à direita coloca-se à esquerda e vice-versa. Como a ordem geralmente tem implicações de tipologia, isso pode nos permitir captar aspectos de um problema que nos tenham passado despercebidos.

Porém, sem dúvida, em *Assim falou Zaratustra* – obra conceitualmente mais carregada –, Nietzsche conjuga suas habilidades de pensamento mais definidoras. Todos os teóricos estão de acordo em que um dos elementos principais para produzir idéias é estabelecer contínuas relações entre coisas que aparentemente não guardam relação alguma. No âmbito da lógica, este tipo de razoamento recebe o nome de analogia e é criticado por sua falta de poder dedutivo. Em literatura, cunhou-se o termo de linguagem metafórica para referir-se a ele. E apesar de suas carências formais, os grandes criadores não deixam de utilizá-lo, talvez porque conheçam seu poder comunicativo e sua complexidade simbólica. O enunciado metafórico não tem valor de verdade, como a ironia, a hipérbole, o eufemismo ou a anfibologia, mas apesar disso é um dos recursos estilísticos e de pensamento mais sugestivos que existem.

A própria raiz do livro está enxertada desse tipo de argumento e, ao longo de toda a obra, não paramos de encontrar exemplos. Um dos mais conhecidos é o fragmento das três transformações:

> Indicarei a vocês as três metamorfoses do espírito: o espírito em camelo; o camelo em leão; e finalmente o leão em menino. Há muitas cargas pesadas para o espírito; para o espírito paciente e vigoroso em que predomina o respeito. Seu vigor pede a carga pesada, a mais pesada carga [...]. Todas essas pesadas cargas o espírito vigoroso coloca sobre si; e assim como sai correndo o camelo para o deserto logo que recebe sua carga, ele se apressa para carregar a sua. A segunda metamorfose cumpre-se no mais solitário dos desertos: aqui o espírito transforma-se em leão, pretende conquistar a liberdade e ser amo de seu próprio deserto [...]. A mais terrível conquista para um espírito paciente e respeitoso é o direito a criar novos valores. Na verdade, esse é para ele um ato feroz, o ato de um animal predador. Em outros tempos, amava o "tu deves" como seu mais sagrado bem: agora lhe é necessário encontrar a ilusão e o arbitrário, inclusive neste bem, o mais sagrado, para que realize, à custa de seu amor, a conquista da liberdade: para semelhante rapto é indispensável um leão. Mas, digam-me, meus irmãos, o que pode fazer a criança que não possa o leão? Por que é preciso que o leão raptor transforme-se numa criança? A criança é inocente e esquece; é uma primavera e um jogo, uma roda que gira sobre si mesma, um primeiro movimento, uma santa afirmação. Oh, meus irmãos! Uma afirmação santa é necessária para o jogo divino da criação. Quer agora o espírito sua própria vontade; o que perdeu o mundo quer ganhar seu próprio mundo. Mostrei três metamorfoses do espírito: como o espírito faz-se camelo, como o espírito torna-se leão e, enfim, como o espírito torna-se criança.
>
> Assim falou Zaratustra. E neste tempo morava na cidade que se chamava Vaca Multicor.

O espírito da tragédia gerou-se graças ao regime alimentar das pensões da época, em que abundavam carne, arroz e batata; com *Humano, demasiado humano* passou a uma dieta alimentar que alternava fatias de presunto, pão, ovos e maçãs; enquanto *Aurora* e *A gaia ciência* estão escritas sob o influxo das salsichas enviadas por sua mãe; da mesma forma que os efeitos da doença que o atormentam enquanto redige *Assim falou Zaratustra* são combatidos com grandes quantidades de água, os produtos lácteos concomitantemente aos seus livros dedicados à reflexão sobre ética.

Porém, ainda resta espaço para uma última pirueta alimentícia. Sobretudo na parte final da vida, Nietzsche despede-se da charcutaria e modera seu consumo de carne, em conseqüência das indigestões. Apesar disso, não consegue evitar o vômito; quando muito, consegue mitigá-lo. Na mesma época em que está marcado pelo processo fisiológico de arrojar violentamente pela boca o conteúdo do estômago, concebe uma de suas idéias mais originais: a do eterno retorno do mesmo.

Nietzsche passou sete verões em Sils-Maria, num quarto alugado de uma casa com vista para as montanhas, onde escreveu boa parte de seus livros mais representativos. Levantava-se às cinco da manhã e trabalhava até o meio-dia, e depois fazia longas excursões pelas montanhas. À noite, ou comia sozinho no quarto ou descia cedo para a sala de jantar, tentando evitar a hora da ceia dos outros hóspedes. Sua dieta noturna restringira-se a algumas fatias de presunto, um ovo e um pãozinho. Logo em seguida se deitava.

Num desses verões, uma idéia ronda insistentemente sua cabeça: a do tempo que gira em si mesmo, que repete sem cessar seu conteúdo limitado. No verão em que tem esta inspiração, sofre terríveis dores de cabeça, convulsões estomacais e vômitos. Há dias em que Nietzsche trabalha febrilmente durante oito horas; à noite, senta-se em seu minúsculo quarto e fica olhando através da janela. Em agosto faz tanto frio que não tira as luvas nem para dormir: "Só o jogo repete eternamente seu estilo".

Espaguete com manteiga e queijos

RECEITA

PARA A MASSA DO ESPAGUETE: 500 g de farinha, 4 ovos, uma pitada de sal.

PARA O PRATO: o espaguete que fizemos com a mistura anterior, 75 g de manteiga fresca, 100 g de queijo parmesão e 100 g de queijo *gruyère*, ambos ralados, sal e pimenta branca.

O prato que propomos é uma contraposição entre dois queijos, *gruyère* e parmesão: o norte e o sul, o apolíneo e o dionisíaco. A massa consumida deste modo é um alimento suave para o estômago, além de ser bem digerida. A candidez da massa é comparável à inocência da criança, a última metamorfose do espírito; um caráter aristocrático que expressa sua liberdade no jogo de inventar espirais infinitas com o garfo enquanto se aproximam os espaguetes da boca...

PREPARAÇÃO DA MASSA: Forme um vulcão com a farinha e salpique um pouco de sal; acrescente os ovos ao centro, de um em um. Com a ajuda de um garfo, misture pouco a pouco os ingredientes, procurando não desfazer as paredes da cratera. Amasse com as mãos, fazendo às vezes um círculo com o bolo, até obter uma consistência bem lisa e elástica. Deixe repousar a massa de quinze a vinte minutos para que descansem as proteínas. Estique a massa com a ajuda de um rolo de madeira, sobre uma superfície plana. Corte os espaguetes com uma máquina apropriada, ou mesmo com as mãos e muita paciência.

PREPARAÇÃO DO PRATO: Cozinhe a massa em água fervente em abundância, com um pouco de sal. Quando estiver *al dente*, escorra e verta numa travessa previamente aquecida. Tempere com a manteiga cortada em pedaços pequenos e misture. Acrescente a metade dos dois queijos ralados e um pouco de pimenta branca e volte a misturar. Sirva o restante do queijo ralado à parte para que cada comensal coloque a gosto.

ENIGMA PARA A SOBREMESA

12. Um grupo de estudantes de filosofia decide ir comprar 4 litros de cerveja num armazém para beber à saúde do filósofo que mais admiram, sem saber que este (que não é outro senão Nietzsche) detestava a bebida típica dos alemães.

O vendedor informa que acaba de ocorrer um acidente e que a maioria dos medidores de porcelana que tinha se quebraram, com exceção dos de 8, 5, e 3 litros. Os estudantes que contam com escasso dinheiro não podem comprar mais cerveja, mas também não querem renunciar a uma quantidade suficiente para beber no final de semana. Como conseguirão medir os 4 litros que desejam?

AMARGO

Ética das infusões

(MENU SOCRÁTICO)

O que dizes se com esta bebida é
lícito fazer uma libação?

SÓCRATES

Geralmente, considera-se Sócrates o santo laico fundador da filosofia. Se for verdade, sua maneira de entender o cultivo do pensamento seria a primeira que merece nossa atenção. Porém, se não for, seu método é tão original, que nunca se justificaria que nos passasse despercebido, muito menos num trabalho que tenta, entre outras coisas, apresentar as técnicas de pensamento utilizadas pelos filósofos.

Sócrates entende a filosofia como uma busca coletiva a partir do diálogo. Não gosta das obras escritas e abomina os discursos, preferindo falar dos temas mais inverossímeis, como quem não quer a coisa, com os amigos que vai encontrando pela rua. Não pretende ser dono da verdade ou encontrá-la sozinho. Cada pessoa possui uma parte dela, no entanto, somente se a partilhar com seus semelhantes, será capaz de descobri-la.

Seu método de pensamento apresenta duas partes: uma destrutiva e outra construtiva. A ironia, em primeiro lugar, é a arte de fazer perguntas que tornem evidente ao nosso interlocutor a sua ignorância. Então, começa um processo novo: a maiêutica, que consiste em fazer descobrir a verdade que se esconde em seu interior. Parece, assim, que Sócrates não comunica nenhuma doutrina, uma vez que sua proposta filosófica é formal. Citemos o seguinte exemplo do *Górgias* sobre o outro tema que centra nossa atenção:

> *Sócrates*: Pergunta-me agora que tipo de arte é, a meu entender, a culinária.
>
> *Pólo*: Está bem. Eu pergunto. Que tipo de arte é a culinária?
>
> *Sócrates*: Não é nenhuma arte, amigo Pólo.
>
> *Pólo*: O que é então? Diga-me.
>
> *Sócrates*: Já direi, sim. É uma aquisição experimental.
>
> *Pólo*: Relacionada a quê? Responda.
>
> *Sócrates*: Claro que respondo. Relacionada, amigo Pólo, a um modo de deparar agrado e prazer.

A ironia é crítica, não aceita a realidade tal como a conhecemos. Com a ironia fala-se o contrário do que se afirma. A ironia equivale a uma redução ao absurdo: a demonstração de uma coisa por meio de seu contrário. A interrogação que finge ignorância é a base do método socrático. Aristóteles não fala da ironia nem na *Retórica* nem na *Poética*, mas o faz em *Ética a Nicômaco*, dando como exemplo a mesma perícia de Sócrates para bajular seus interlocutores.

A ironia pressupõe um espaço comum – lingüístico, cultural, histórico –, porque sem ele não se podem entender os elementos que se deixam implícitos. A ironia é retoricamente uma elipse que se fundamenta em pressupostos comuns.

O homem que ri brinca com a realidade, pois o jogo estimula e provoca a imaginação. Poucas vezes um método filosófico fundamenta-se na satisfação prazerosa do sorriso. O outro grande filósofo que cimenta, formal e materialmente, seu sistema sobre o riso é Nietzsche, paradoxalmente seu grande inimigo. Sócrates traz a ironia ao mundo. Antes dele, a palavra não aparece (ainda é estranha em Xenofonte), pertencendo, sem dúvida, à herança socrática.

O "só sei que nada sei" é a máxima expressão da ironia socrática. Diante dos filósofos que buscam certezas e conteúdos, essa presunção de falsa modéstia resulta desesperadora. Como bem observa Kierkegaard, a ironia é na vida de Sócrates um conceito negativo que ilumina nosso caminho.

"A ironia faz de Sócrates um ser moderno, desses que não podem chegar senão quando passaram os tempos dos profetas e dos heróis trágicos", escreve Antonio Tovar. Porém, a ironia não é algo que possa se reduzir a uma fórmula, como querem muitos pensadores atuais, já que ela nos protege da ingenuidade da razão:

> Isto se considera a melhor continuação de Sócrates, esquecendo-se que a ironia socrática tinha a finalidade de criticar a ingenuidade racionalista dos contemporâneos, e procurava salvar assim a sabedoria, assegurar os fundamentos do pensamento racional.

No entanto, essa finalidade foi deixada de lado pelo pensamento dogmático de todas as épocas.

Rir era considerado pelos gregos um presente dos deuses, uma graça que as divindades do Olimpo concederam aos homens. Aristóteles, entre outras definições, afirma que o homem é o único animal que ri. O cristianismo nega o riso. É difícil imaginar Jesus rindo. A Idade Média cria uma raquítica cultura do riso vinculada à festa e às classes populares. Durante o Renascimento, o riso expressa o melhor da humanidade. Erasmo e Rabelais consideram o riso a atitude mais própria do homem. Por sua vez, a Ilustração o considera suspeito. O riso de Voltaire é negativo. Baudelaire escreve que o justo e o sábio nunca riem. Para os românticos, o riso essencial é propiciado pelo sarcasmo. Bataille escreve que a ética do riso é a única moral que nos resta. Enfim, o sujeito que ri é plenamente soberano de seus atos, pelo menos de sua alegria.

Retomemos, por um momento, o fio que havíamos deixado. Das duas partes do método socrático, a primeira é crítica e a segunda, construtiva. Segundo Aristóteles, os razoamentos indutivos e a definição do que é universal são atribuíveis a Sócrates, nesta segunda fase de seu sistema. A pergunta fundamental de Sócrates é "o que é...", e fica esperando que seu interlocutor responda com uma definição. O método socrático encaminha-se, assim, para a busca de definições sobre as quais se atuará para encontrar a melhor ou os lugares-comuns que nos permitam resumir as características principais do objeto da discussão, o que não tem nenhuma ligação com o relativismo sofista. O procedimento para chegar à melhor definição é indutivo, ponto no qual retomará o trabalho seu melhor aluno, Platão.

Sócrates, que nasceu provavelmente no ano 469 a. C., era filho de uma parteira chamada Fenareta e de um artesão conhecido como Sofronisco. Era da região de Alopece, um povoado situado nos arrabaldes do caminho para Atenas. Conta-se que costumava repetir que era grato ao destino por três coisas: primeiro, por ser homem e não animal; segundo, por ser varão e não mulher; e terceiro, por ser grego e não bárbaro.

Atenas, que naquele momento tinha por volta de 200 mil habitantes, além dos escravos, era o centro intelectual da península grega: viviam ali o astrônomo Meton, os músicos Damon e Konos, os sofistas Protágoras e Górgias e o matemático Teodoro de Cirene. A educação estava ao alcance de um artesão. Os cidadãos livres freqüentavam a escola, onde recebiam ensinamentos que compreendiam leitura, cálculo, música e ginástica. Para Sócrates, tudo isso não fora tão importante como o desejo de aprender e a confiança que tinha em si mesmo. Tanto é assim que se transforma num autêntico autodidata.

Sócrates apressou-se em deixar o cinzel, que era a ferramenta de trabalho de seu pai – se é que alguma vez o manipulou – e tornou-se soldado. Temos um retrato literário de Sócrates da época em que passou para a posteridade, no qual a descrição do pensador como um sátiro deu margem a uma verdadeira lenda sobre seu aspecto físico:

> – Observe-me – disse Sócrates, segundo uma testemunha: – não é formoso aquilo que serve para seu fim? Não é esta a adequação ao seu destino, a nota comum de formosura num belo cavalo, um formoso escudo, uma formosa vaca, uma bela lança? Pois, assim sendo, formosos são os seus belos olhos, Cristóbulo, ou os meus que, saltados como os de um caranguejo, vêem mais e melhor. E não são as suas narinas regulares que são belas, mas sim as minhas achatadas e com os buracos de frente, para recolher melhor os odores, que é para o que os deuses nos deram as narinas. E não é a sua boca fina e regular a melhor, senão a minha, que morde melhor e com seus lábios grossos também serve melhor para beijar...

Sócrates casa-se com Xantipa, uma mulher irascível, com a qual terá filhos, mas segue mantendo relações extraconjugais, especialmente com homens.

O pensador não se preocupa com dinheiro, e não cobra pelas aulas informais que ministra. Por isso, é completamente livre para dizer o que quer e não está sujeito a nenhuma obrigação. Cobra pelo trabalho ocasional de soldado que realiza e por assistir às assembléias ou aos tribunais, como faziam todos os cidadãos. Seu descaro e insistência em castigar seus contemporâneos com suas afiadas críticas precipitarão o desenlace de sua vida.

Sócrates é acusado de impiedade por Meleto no ano de 399 a. C.:

> Meleto, filho de Meleto, do povoado de Pithos, contra Sócrates, filho de Sofronisco, de Alópece. Delinqüe Sócrates por não crer nos deuses em quem a cidade crê, e também por introduzir novos demônios; finalmente delinqüe também corrompendo os jovens. Pena de morte.

Sócrates defende-se apenas diante do tribunal, e sua arrogância faz pressagiar o pior. As antigas leis atenienses permitiam ao réu esse privilégio, sem admitir um advogado que falasse por ele. Porém, aqueles que não podiam redigir um discurso de defesa contratavam alguém que o fizesse por eles, e então o memorizavam, o que não era o caso de Sócrates. Ele então começa sua defesa com muitas ironias sobre os contrários, desconcertando os juízes. Depois, faz confidências pessoais ao tribunal. Não rebate as acusações, mas tenta ver de onde procedem e qual é sua causa. No fundo, acaba dando a razão a seus acusadores. A votação foi-lhe contrária, por uma diferença de 61 votos, isto é, 281 contra 220.

A acusação é falsa, e a sentença, injusta. A defesa é inútil e a morte, certa. Havia muitas maneiras de salvá-lo, algumas legais, outras ilegais, mas Sócrates não aceita nenhuma delas porque prefere acatar as leis da cidade que sempre defendera.

Como se sabe, transcorreram trinta dias entre a condenação à morte e a execução, prazo este que se explica, paradoxalmente, porque a condenação chega em plena celebração de festas religiosas que proibiam matar pessoas. Esse tempo foi suficiente para alimentar a lenda.

Platão ornamenta as últimas horas de seu mestre com todo tipo de anedotas. O último dia de Sócrates é contado em detalhes no *Fédon*. Terminada a trégua sagrada, a execução torna-se lícita: os discípulos vão chegando para se despedir do mestre. Sua mulher, Xantipa, sentada junto a ele, grita ao ver entrar o grupo de amigos. Sócrates não agüenta mais sofrimento e roga a Críton que a console.

Sócrates exaspera-se num momento da conversa. Críton recomenda, ao carrasco, que se acalme, pois, se ele se exaltar, o veneno demorará mais em fazer efeito: "Não ligue para ele – fala Sócrates –, que ele se preocupe com os problemas dele e que prepare o que for necessário, mesmo que seja dose dupla ou até tripla".

Sócrates é um dos primeiros que afronta a morte sem nenhum tipo de esperança sobrenatural. Neste sentido, é um verdadeiro Jesus Cristo ou Buda, fundador de uma nova religião. Bebeu a cicuta "com tanta naturalidade", escreve Jankélévitch, "como o vinho do banquete". Deixemonos levar pela descrição platônica de sua imperturbabilidade no *Fédon*:

> Começou a abanar-se, dizendo que assim pouparia às mulheres o trabalho de limpar os restos mortais [...] tomou o copo e, com muita serenidade, sem tremer, sem alterar-se sua cor e nem o seu rosto, mas, como costumava fazer, olhando de relance como um touro, disse ao homem: "Que dizes? Com esta bebida é lícito fazer uma libação? É possível ou não?" [...] "Dissolvemos, Sócrates, o que pensamos que é o justo para beber" [...]. Demonstrando a todo momento uma grande serenidade e já preparado para receber a morte, suas últimas palavras foram: "Oh Críton, devemos um galo a Asclépio. Pague a dívida e não lhe dê um calote". "Assim será" – disse-lhe Críton – "e veja se tem algo mais a dizer". A esta pergunta Sócrates já não respondeu e, depois de alguns instantes, moveu-se e o homem descobriu-o; tinha já os olhos parados; vendo isto, Críton fechou-lhe a boca e os olhos.

Este último comentário ridículo e terrível, que tanto repugnava a Nietzsche, evidencia com seu caráter doméstico a ausência de pretensões do sábio. A serenidade de Sócrates baseia-se na certeza em si mesmo e em fazer o que acredita ser justo: "O que se deve colocar acima de tudo não é viver, mas o bem viver". Poucos comentaristas destacaram, neste contexto trágico, que as últimas palavras de Sócrates fazem referência a algo tão cotidiano como o alimento, bem como ao fato de seu gesto final ser beber uma infusão.

Podemos aprender a realizar infusões aproveitando as propriedades das plantas: controlar a obesidade, estresse, reumatismo, colesterol, problemas circulatórios ou digestivos, constipação intestinal, insônia, afecções, hiper e hipotensão etc. Além disso, nossa mesa pode ganhar em sabor e em perfume com o uso culinário de uma grande variedade de especiarias.

A natureza é sábia e proporciona remédios eficazes sem efeitos colaterais. Entre as plantas mais utilizadas, encontram-se, por exemplo: a camomila, conhecida por seus efeitos antiinflamatórios; o gengibre, empregado para evitar náuseas e enjôos; a hortelã, erva que reduz as irritações no intestino; ou a valeriana, um remédio para a insônia.

Por nossa segurança, é importante conhecer quais são as plantas cujo uso não apresenta contra-indicações. Na cozinha, as especiarias saudáveis destinadas a amenizar nossos cardápios seriam, entre outras, o anis, o cominho, o manjericão, o aneto, o orégano, o tomilho, o cardamomo, a erva-doce, a cúrcuma e o açafrão. É indicado um uso mais moderado para vegetais e frutas como a amora silvestre, a camomila, a chicória, o dente-de-leão, a equinácea, o ginseng, o hibisco, a hortelã, a framboesa, a segurelha ou a valeriana.

As pesquisas advertem sobre outras tantas ervas que contêm substâncias nocivas em diferentes graus e que podem gerar conseqüências negativas em nosso organismo. A toxicidade pode repercutir em nosso sistema nervoso central, provocando alucinações, problemas sangüíneos ou até a morte. Uma pequena amostra destas plantas nocivas compreenderia algumas espécies, tais como: a mandrágora, a noz-moscada, a sanguinária, a pervinca, a cicuta, o sabugueiro etc.

A cicuta, pertencente à família das umbelíferas e popularmente conhecida também como "funcho-selvagem", floresce na primavera e no outono às margens dos rios, nascentes, beira de passagens etc. Pode ultrapassar um metro de altura e apresenta manchas avermelhadas ou púrpuras e ranhuras. Das axilas partem os caules secundários, que terminam numa umbela de flores diminutas brancas, de cinco pétalas brancas e com outros tantos estames. Por ser muito tóxica, os gregos a preparavam para executar penas de morte. A planta exala mau cheiro, sendo melhor não manipulá-la, a menos que se queira fazer uma infusão como a que está em questão. Já sabemos que um dos muitos benefícios que proporciona é a satisfação de um trabalho bem-feito, a coerência consigo mesmo, em poucas palavras, um sentimento de plenitude que alguns identificarão como justiça.

As infusões possuem grandes vantagens, mas devem ser usadas com moderação. A forma mais simples de preparar parte de uma premissa básica: para cada xícara de infusão, é necessária uma colherinha de ervas, sejam secas, frescas ou sementes previamente trituradas. Depois, é bem simples, basta verter água fervente, mexer e deixar repousar entre cinco e dez minutos. Em seguida, passa-se a um coador e se escolhe entre tomá-la com adoçante ou não, se fria ou quente.

As plantas também podem ser preparadas mediante cozimento, em xaropes, maceradas a frio, em loções ou em enxágües e gargarejos. Um conselho para o correto tratamento das diferentes plantas medicinais é usar recipientes de ferro, vidro, cerâmica ou aço inoxidável, nunca alumínio. Por outro lado, as colheres que usaremos para mexer as receitas serão preferencialmente de madeira e, para conservá-las, evitaremos o plástico.

Socráticos até aqui, beberemos a grandes goles o conteúdo da xícara, restando somente esperar que produza seu efeito balsâmico.

Galo recheado com ervas

RECEITA

1 galo, lombo de porco, salsichas, pêssegos secos, pinhões, ameixas secas, bacon, noz-moscada, coentro, ervas aromáticas (a gosto do cozinheiro ou cozinheira), trufas, 1 taça de xerez, caldo, azeite de oliva.

NOTA: as quantidades dos ingredientes para rechear dependerão do tamanho do galo.

As últimas palavras conhecidas de Sócrates foram um aviso para que se entregasse um galo a Asclépio (chamado Esculápio, em latim), deus da medicina e com capacidade de ressuscitar os mortos, faculdade que exerceu em várias ocasiões. O galo era seu animal simbólico porque, de certo modo, faz "ressuscitar" o dia com seu canto. Esta receita de galo recheado com ervas é um modo de satisfazer o pedido de Sócrates, uma invocação à imortalidade que o filósofo desejava, e de fato conseguiu e uma súplica a Asclépio para que os comensais também recebessem os benefícios do deus da medicina. Entre as ervas que acompanham o galo não se inclui, claro, a cicuta...

Depene e limpe o galo com consciência, esvazie-o e tempere com sal e pimenta. Prepare um recheio com o lombo de porco e as salsichas cortadas em pedaços pequenos, junto com as ameixas, pinhões, pêssegos secos e pedaços de trufa, misturando tudo com a noz-moscada, um pouco de coentro, sal, pimenta e as ervas aromáticas. Frite tudo ligeiramente e despeje a taça de xerez. Recheie o galo com esta mistura e costure para que o recheio não escape durante o cozimento.

Disponha o galo recheado, junto com o bacon e o azeite de oliva, numa assadeira untada, e leve ao forno pré-aquecido. Deixe assar, dentro do recipiente, lentamente, e vá acrescentando aos poucos o caldo para evitar que resseque. É preciso calcular que o tempo de cozimento será de duas horas ou mais, conforme o tamanho do galo. Sirva-o inteiro, acompanhado do molho resultante do suco do cozimento. Neste prato, não há acompanhamentos, pois, ao servir o galo, coloca-se também no prato uma colher do recheio.

ENIGMA PARA A SOBREMESA

13. O mistério do Clube dos Mentirosos Socráticos:

Alcibíades, um detetive ainda não muito famoso, é chamado para solucionar um misterioso assassinato no Clube dos Mentirosos Socráticos. Nesse clube, ninguém parece ter tomado conhecimento do homicídio, mas há cinco suspeitos: cada um deles jurou, segundo as regras do clube, fazer duas declarações verdadeiras e uma falsa. Suas afirmações são as seguintes:

Fedro: Não matei Aristófanes durante o jantar. Nunca tive uma faca. Foi Erixímaco quem fez isso.

Pausânias: Não o matei. Não tenho faca. Os outros costumam estar embriagados.

Agatão: Sou inocente. Erixímaco é o assassino. Não conheço Aristodemo.

Erixímaco: Sou inocente. Aristodemo é o culpado. Fedro mente ao dizer que fui eu quem o fez.

Aristodemo: Não o matei. Pausânias é o assassino. Agatão é meu amigo.

Estética do jejum

(MENU EXISTENCIAL)

Quando jejueis, não façais como os escribas e fariseus, que fazem caras emburradas e se cobrem de cinza para que os vejam as gentes; lavai-vos bem, perfumai-vos e ficai alegres para que ninguém saiba de vosso jejum.

SÖREN KIERKEGAARD

Em relação à capacidade de realizar um projeto vital, Kierkegaard distingue três tipos de pessoas: primeiro, o mais geral, formado por indivíduos que seguem fiéis à ordem estabelecida e em nenhum caso a questionam; segundo, os *individuais* ou *isolados* são as pessoas que, fazendo uso de sua inteligência, criticam as normas que herdam e sob sua própria responsabilidade decidem evitá-las; e, por fim, os *excepcionais* são aqueles que se sentem convocados, acima de tudo, a realizar um projeto vital que seja maior do que eles e ao qual dedicarão todas as suas forças.

Os indivíduos excepcionais se tornam detestáveis aos olhos da sociedade porque não atendem a suas razões. Solitários, não buscam o apoio de seus congêneres. Porém, a característica principal que os identifica é sua vivência do tempo: tentam conciliar a eternidade com o instante. Esta tensão atroz pode levá-los à insônia, à demência ou à angústia e é uma fonte certa de sofrimento.

Kierkegaard não se reconhece como um ser deste tipo, apesar de compartilhar com eles a maioria de seus traços característicos, escrevendo em seu diário:

> Sou alguém que indica onde está o Extraordinário; este leva uma vida terrível; quase mortal, porque sua missão mata toda simpatia puramente humana: eu, entretanto, sem esta, não posso viver. Eis aqui porque, tendo por paixão a simpatia, desejei constantemente indicar o Extraordinário.

Kierkegaard nasce em 5 de maio de 1815, em Copenhague, sendo poucos dias depois batizado na igreja do Espírito Santo dessa cidade. Num primeiro momento, o próprio autor atribui à idade avançada dos pais – sua mãe tinha 45 anos e o pai, 56 – a corcunda proeminente e a assimetria de seus membros inferiores. É o mais novo de uma família de sete irmãos.

Desde muito criança cultiva a imaginação, um hábito que o distinguirá ao longo de toda a vida:

> Penso ainda com imaginação numa bobina que tive durante minha infância; era o único brinquedo que possuía e não conheci coisa mais interessante; tanto que não me era permitido brincar com ela o tempo que eu queria, senão nos momentos livres; tinha mais atrativo que todos os brinquedos do mundo juntos.

A figura do pai pesa como uma pedra em sua educação, a ponto de se considerar um infeliz devido à sua influência. Este homem de férrea vontade e profundas convicções cristãs estava carcomido pela culpa: engendrara seu primeiro filho fora do casamento.

Sua vida pessoal não pode ser mais nefasta: a maioria de seus irmãos morre prematuramente, sendo que, dos sete, apenas sobrevivem o mais velho e ele mesmo. Kierkegaard está convencido, durante toda a sua juventude, de que não passará dos 33 anos.

Em 30 de outubro de 1830, inicia seus estudos universitários de teologia. De 1831 a 1834 estuda, basicamente, história da igreja e exegese das Sagradas Escrituras, o que não o impede de continuar lendo muita filosofia. Abandona a casa da família em 1º de setembro de 1837, depois de chegar a um acordo com o pai, através do qual este se compromete a lhe dar uma pensão de 500 *rigsdales* anuais.

Na primavera de 1837, conhecera Regina Olsen, que tinha então 14 anos, ficando encantado por ela desde o primeiro momento. Vive um romance intenso, mas, antes do casamento, uma separação dramática, da qual se desprenderão alguns suculentos rendimentos literários. Kierkegaard tem medo do casamento, tem pavor da sexualidade, não aceita a idéia do gozo como um elemento básico de relação entre as pessoas. Isto também determinará sua dieta.

A paixão amorosa leva-o à melancolia, um sentimento de tristeza persistente que seu progenitor lhe inoculara. Doente de melancolia, atribui ao cultivo da imaginação esse câncer da alma, já que a fantasia só se nutre de ideais e não nos permite viver a vida real. Sente-se tão imobilizado pela dor e pela angústia que se afoga em pranto. Tudo o que se refere à sua vida parece-lhe insuportável.

A *Enciclopédia* define melancolia em oposição ao "frenesi" e "demência", como um delírio sem febre nem furor que segue acompanhado de uma tristeza insuperável, como um humor sombrio, uma misantropia, uma decidida tendência à solidão. A melancolia apresenta-se em oposição à demência como um estado suave de perturbação que obriga a voltar-nos para nós mesmos, resultando num exílio que, voluntário ou não, comporta sofrimento. Porém, diferindo da tristeza, a melancolia provoca uma dor tênue de longa duração e que habitualmente não chega a ter uma causa determinada.

Aristóteles destacava a capacidade reflexiva do melancólico graças a seu estado de perpétua meditação, uma vez que a melancolia comporta um evidente valor criativo para os seres humanos, embora seja desconhecida na época medieval. A quietude dos mosteiros provoca entre os monges um tédio que, em seu estado mais puro, se perfila como uma verdadeira "mania". Porém, é durante o Renascimento que encontramos a afirmação mais evidente da melancolia: a partir dessa época, ela adquire nobreza de sangue e passa a ser a grande paixão dos artistas. O próprio Marsílio Ficino atreve-se a afirmar que esta doença eleva a nossa alma e a faz compreender o sublime que se oculta por trás das aparências.

Essa reivindicação desembocará na exaltação romântica da melancolia, sendo precisamente no Romantismo que se consolidam os dois arquétipos de melancolia moderna: don Juan e Fausto. O primeiro porque representa uma fuga para a frente ao multiplicar o desejo, como ocorre com o pensamento utópico (don Juan expressa assim a paixão do amor: a nostalgia de um absoluto impossível tão difundido em nosso mundo). Enquanto Fausto evidencia sua nostalgia de um passado dourado, ao querer perpetuar infinitamente sua juventude ou o medo da morte com uma forma de tristeza, uma variante da saudade da vida antes que ela tenha-se acabado. Em Kierkegaard, parecem confluir esses dois rios de bílis negra.

O casamento termina em 11 de agosto de 1841. Em 29 de setembro, embargado ainda pela dor da separação, defende sua tese – intitulada *O conceito de ironia com constante referência a Sócrates* – durante sete horas e meia na Universidade de Copenhague, das dez da manhã às duas da tarde e das quatro da tarde às sete e meia da noite. Nela examina o conceito de ironia em Sócrates (uma das figuras do pensamento que mais o influenciam) e nos românticos alemães, tentando fazer confluir num ponto impreciso ambas as propostas. O desembaraço de Sócrates diante da morte atrai profundamente o pensador dinamarquês: diante do nada, o sábio grego faz zombarias. Sócrates libera os homens do medo da morte e o faz sem nenhuma proposta transcendente. Como a morte é inevitável, não temos motivos para nos angustiar. Morrer não é nada.

Sócrates também é um exemplo do indivíduo que enfrenta o Estado. Paradoxalmente, o pensador que morre por defender as idéias da cidade é o máximo expoente da subjetividade. Sócrates vive à sua maneira, sem atender a nada nem a ninguém, além de não se importar com o que pensam seus concidadãos. Dotado de uma espécie de aristocracia intelectual, tem a coragem de criticar tudo o que não gosta: o particular sempre se antepõe ao coletivo, apesar de que sempre se sublinha o contrário. Inclusive no momento de sua morte, Sócrates é obstinado e não se deixa convencer por ninguém de que está cometendo uma soberana bobagem, prevalecendo sua opinião sobre as de todos os seus amigos, sua mulher e os juízes.

A sabedoria socrática também atua na liberação dos laços entre a religião e o Estado. "Só sei que nada sei" – esta afirmação irônica leva-o a se despojar das idéias que compartilhavam seus concidadãos. O sujeito é a base de uma nova moralidade que se fundamenta na liberdade e que enfrenta o Estado.

Kierkegaard também rejeita os assuntos públicos e, tal como Sócrates, é alvo das burlas de seus concidadãos, sentindo-se um estrangeiro em sua própria cidade. A incompreensão demonstrada por seus contemporâneos diante das opiniões dos dois pensadores faz com que Kierkegaard expresse uma profunda simpatia por Sócrates, afinal ambos são incompreendidos, mas se sentem convocados a realizar uma missão que será uma fonte constante de dissabores, como continuamos constatando.

Kierkegaard instala-se, em outubro de 1844, num apartamento de seu irmão na rua Nörregade, dedicando-se intensamente ao trabalho. Espalhados por toda a casa, há escrivaninhas e tinteiros que lhe permitem trabalhar em todos os cômodos, porém muda freqüentemente de lugar. Costuma ir muitas vezes às apresentações do teatro real e, para distrair-se, empreende longos e dispendiosos passeios de carruagem até o norte de Seeland. Graças aos criados domésticos, pode manter uma rigorosa ordem e levar uma vida ascética e regular, como é de seu gosto. A alimentação deveria considerar ao mesmo tempo as necessidades do corpo e da alma, algo muito difícil de se conseguir.

O filósofo dinamarquês, que muitas vezes utiliza metáforas gastronômicas em seus escritos (*Migalhas filosóficas*, *In vino veritas...*), é absolutamente ascético no âmbito da alimentação. Como desprezara o sexo, recusa agora a comida. Sua dieta austera tem profundas conseqüências éticas e epistemológicas.

A dieta ética de Kierkegaard convida à moderação no que se refere ao mal e à comida.

> Como disse um nobre grego, é preciso abster-se do mal, e o mesmo vale para a concepção ética: há que ser parcos e sóbrios e não regozijar-se na mesa do banquete histórico mundial, nem embriagar-se de coisas assombrosas. Esta abstinência é, ao mesmo tempo, do ponto de vista ético, o gozo mais divino e uma brisa fresca da eternidade que tonifica o coração.

Neste ponto, encontra uma concordância nas duas tradições que influenciam seu pensamento, a cristã e a grega:

> A relação entre estas duas grandes visões é aproximadamente a seguinte. Uma diz: abstenha-se de comidas malsãs, domine os apetites e obterá saúde; a outra diz: deixe de comer e de beber e terá muitas possibilidades de transformar-se pouco a pouco em nada.

Seguindo Sócrates até na alimentação, Kierkegaard pensa que o "devorar o saber", no qual se precipitou a cultura moderna, entranha muitos perigos. Não nos permite distinguir o que é realmente importante daquilo que não é. Por isso, a única solução para este problema epistemológico é uma dieta de baixas calorias:

Quando um homem tem a boca cheia de comida, impedindo-lhe de comer, de tal modo que no final morrerá de fome, como se conseguirá fazê-lo comer: enchendo-lhe ainda mais a boca ou tirando um pouco da comida? Do mesmo modo, quando um homem sabe muito, quando sua sabedoria não tem nenhuma importância para ele ou age como se não se importasse nem um pouco, o que é razoável: levar-lhe mais conhecimento ainda, embora não peça em voz alta, ou tirar-lhe alguma coisa?

A dieta do pensamento recomenda, assim, que não comer é a única maneira de poder continuar comendo. Com a boca cheia não se pode comer, assim como com o cérebro embutido de idéias não se pode pensar. É o mesmo conselho que dera Kant, como recorda Rigott:

Existe uma regra na dieta da comida e da bebida que convida a não deixar de lado os conselhos da natureza a respeito do apetite e a deixar de comer no momento em que, após breve pausa, se observa que o corpo já não tem necessidade de mais, inclusive rejeitando a comida. Com o trabalho intelectual ocorre o mesmo. A mente se nega, de certo modo, a continuar trabalhando, mas permite ocupar-se de outras coisas. Perceber isso é parte da dieta do pensamento.

Em *In vino veritas*, que constitui a primeira parte de *Estágios no caminho da vida*, obra de 1845, a metáfora do vinho serve a Kierkegaard para elaborar reflexões sobre a memória: "O engarrafamento das lembranças deve conservar o perfume do vivido". A memória é seletiva e só conserva o essencial: "Do mesmo modo que o vinho generoso melhora ao passar o equador, porque as partículas da água se evaporam, assim também ocorre com a lembrança, que melhora ao perder as partículas de água da memória". Apesar disso, está bem clara a sua predileção pela água, e não podia ser de outro modo. Há que se evitar a embriaguez, que em si é perniciosa, da lembrança, do pensamento ou do que for. Somente ouvindo o borbulhar da água do pensamento poderemos realmente filosofar.

A dor, a melancolia e a angústia em que convergem a vida e o pensamento do sábio dinamarquês não nos levam à alimentação como um paliativo ou um substituto, como costuma ocorrer de modo generalizado em nosso tempo, mas o contrário: Kierkegaard sofre e, apesar disso, reivindica a dor como uma forma de conhecimento. Suporta uma tristeza compulsiva e, no entanto, aproveita este estado de ensimesmamento para refletir. Ele padece de aflição, fadiga, ansiedade, de um temor opressivo sem causa justificada e, por sua vez, não se deixa tentar pelos cantos da sereia da boa mesa. Sua austeridade beira o heroísmo ou a loucura.

A partir de 1839 padece de um novo contratempo: o econômico. Suas únicas fontes de renda são o pai e os direitos autorais de seus livros, muito minguados, aliás. Em 1847, acentua-se ainda mais este problema, obrigando-o a cogitar a idéia de vender a casa da família, e isso o leva a um desentendimento com o irmão.

Só consegue esquecer seus numerosos infortúnios graças à prática da escrita: escrever lhe produz um autêntico efeito balsâmico. Através da escrita, e só graças a ela, se comunica com seus contemporâneos. É um dos poucos filósofos que ensaia uma forma de pensamento autobiográfico que tanto detestam alguns:

> Tenho necessidade de pensar e viver o que penso por mim mesmo; há outros que não têm essa necessidade, e seus livros me aborrecem. Para mim, escrever é o maior e mais rico gozo. Antes desejava ler e ler infinitamente... Parecia-me que isso era um atalho para chegar à realidade. Agora, no entanto, creio que irei mais longe ainda pela paciência, pelo longo caminho de meu próprio pensamento.

Depois de vender a casa da família, instala-se na rua Rosenborggade, onde permanece até abril de 1850. Em 1852, muda de residência, buscando a bela vista do lago Sortedam, e passa seus últimos anos de vida nos modestos aposentos da rua Klaedeboderne.

Em 2 de outubro de 1855, aos 42 anos, cai desfalecido na rua, sendo imediatamente levado para o hospital Frederik, onde permanece um mês. A morte chega em 11 de novembro. Os gastos com o funeral são pagos com a venda de seus livros. O desprezo e a burla com que foi tratado por seus concidadãos perduram até esses últimos momentos, e não se respeita sua última vontade de ser enterrado à margem da igreja oficial. Seu sobrinho Henrik dá conta disso ao ler um parágrafo de *O instante* em meio ao silêncio dos presentes.

Nessa obra, escrita no final de sua vida, tenta demonstrar como a fé sobrevém num instante, a qual não entende como uma entidade temporal, mas sim de maneira qualitativa, como a porta do céu, a comunicação com o absoluto, o acesso à eternidade. Teve esta revelação em 19 de maio de 1838, às dez da manhã, o que lhe permitira viver todos seus infortúnios com uma ascética alegria gastronômica.

Sopa de grão-de-bico com espinafre

RECEITA

300 g de grão-de-bico, 1 cenoura, 1 cebola, 1 folha de louro, 2 dentes de alho, 1 kg de espinafre, sal, pimenta, azeite.

A austeridade de Kierkegaard seria recompensada com justiça com este prato monástico de grão-de-bico e espinafre, um legume e uma verdura cultivados amplamente em toda a Europa desde a época medieval. O grão-de-bico, em sua simplicidade, proporciona muitas calorias, enquanto o espinafre, desprezado por seu cheiro e textura, oferece fibras de primeira qualidade, facilitando o trânsito intestinal, além de oferecer vitaminas imprescindíveis. Tomar esta sopa, própria de alguns conventos cartuxos, é uma homenagem ascética que beneficia o corpo e facilita o trabalho intelectual.

Deixe os grãos-de-bico de molho por uma noite. Coloque-os numa panela com água e acrescente a cenoura, a cebola descascada e cortada em cubos e o louro. Cozinhe tudo até que os grãos-de-bico fiquem tenros. Numa caçarola, coloque para dourar em azeite de oliva os dentes de alho amassados e acrescente 3 colheres grandes de água usada para cozinhar o grão-de-bico. Deixe ferver e acrescente o espinafre bem lavado e cortado em pedaços grandes. Quando estiver cozido, junte os grãos-de-bico, previamente coados, e cozinhe tudo junto por cinco minutos. Sirva esta sopa em panela de barro, regando com um fio de azeite de oliva.

ENIGMA PARA A SOBREMESA

14. Um padre de um povoado, que conhece o interesse de Kierkegaard pela teologia e quer colocá-lo num apuro, faz a ele a seguinte pergunta: o que é que o senhor e eu podemos ver, mas que Deus nunca poderá ver?

O mesmo curioso personagem propõe-nos uma versão enigmática do milagre dos pães e dos peixes:

> Três miseráveis estão debaixo de uma ponte na hora de jantar: um deles possui três pães, o outro, cinco, e o terceiro, nenhum. Decidem dividir entre eles todos os pães e comer a mesma quantidade de alimento. Na manhã seguinte, descobre-se que a pessoa que não levou comida é um rico comerciante que deixa oito moedas de ouro para que seus companheiros de refeição as dividam proporcionalmente. Não podem dividi-las pela metade, nem se aceita que a pessoa que tinha três pães fique com três e a outra com cinco. É preciso encontrar a solução mais justa. Quantas moedas correspondem a cada um?

Café Voltaire

(Menu voltairiano)

> *Os cozinheiros são seres divinos.*
>
> Voltaire

Reunidos para um espetáculo artístico, para um recital de poemas, os espectadores, cheios de boa vontade, eram provocados e forçados a estourar. No palco batiam-se chaves e caixas para fazer música, até que o público protestasse enlouquecido; Serner, em vez de recitar seus poemas, colocava um ramo de flores ao pé de um manequim, e vestindo uma cartola extravagantemente alta narrava os poemas de Arp; Hülsenbeck uivava seus poemas cada vez mais alto, enquanto Tzara tocava, seguindo o mesmo ritmo e o mesmo crescendo, um grande tambor. Hülsenbeck e Tzara dançavam emitindo grunhidos de ursinhos, ou dentro de um saco, com um tubo na cabeça, rebolavam no exercício chamado *noir cacadou*. Tzara inventava poemas químicos e estáticos.

Em 1915, o poeta e escritor alemão Hugo Ball chegou a Zurique junto com sua companheira Emmy Hennings, relacionando-se ali com o mundo do espetáculo. Movido pelo interesse de criar um teatro expressionista, adquiriu a cervejaria *Granja Holandesa* e a rebatizou com o nome de *Cabaret Voltaire*. A partir de 5 de fevereiro de 1916, nesse local, desenvolveram-se espetáculos como o descrito, protagonizados por poetas e pintores. Os primeiros artistas jovens que atenderam ao chamado de Hugo

Ball foram: o poeta e pintor romeno Tristan Tzara, Richard Hülsenbeck e o pintor e escultor alsaciano Hans Arp.

O *Cabaret Voltaire* teve magnetismo suficiente não só para aglutinar a colônia artística da cidade, mas também para atrair o que havia de melhor do mundo intelectual da época. As noitadas naquele local, onde, como vimos, levavam-se a cabo interpretações musicais, recitais de poemas e canções, foram de início pouco originais. Porém, com o passar do tempo, transformaram-se na melhor vitrine para mostrar ao mundo o caráter do movimento dadaísta.

O surgimento da revista do grupo, *Dadá*, e a redação do *Manifesto Dadá*, em 1918, por Tristan Tzara, abriram espaço a uma maior radicalização do grupo. O acaso, a ironia, a provocação, a gratuidade das ações, o imprevisível e o escândalo passaram a integrar, a partir daquele momento, o fazer artístico do século. Quando terminou o levante, o grupo emigrou para diferentes países.

A cidade de Zurique, tão atraente quanto seu famoso cabaré, motivo pelo qual chegavam ali inúmeros artistas, políticos e intelectuais. Tom Soppard aproveita, numa obra teatral, esta circunstância histórica para propor a hipótese de um possível encontro, no mencionado café, em 1916, de Joyce, Lênin e Tzara, que estariam em Zurique. Nunca saberemos se esta coincidência verossímil chegou a se produzir. A verdade é que, pouco depois, Lênin voltaria à Rússia para liderar a revolução, Joyce se concentraria em sua obra literária, e Tzara seguiria a Paris para continuar liderando o movimento dadá.

Paris era, com pequenas exceções como a que descrevemos, o coração intelectual da Europa desde o século XVIII. A Ilustração convertera o centro geográfico do continente no núcleo cultural do Velho Mundo.

Paris fora durante duzentos anos a maior cidade da Europa, até que Londres a superou. No século XVIII, Paris tinha 500 mil habitantes, enquanto em Londres passava de um milhão. Em Paris, as cifras publicadas durante um período de vinte anos, entre 1770 e 1790, indicam que cerca de um sexto da população vivia de caridade. A proporção em Londres era a mesma, embora isso não representasse nenhuma dificuldade para que a nobreza e a burguesia preparassem cada vez mais formas mais refinadas de vida.

A filosofia não tinha melhores discípulos que as mulheres mais velhas e, por isso, afirmava-se que Voltaire e Rousseau eram mais cortesãos do que homens de letras. A Ilustração foi um fenômeno gastronômico.

Os banquetes eram um dos pontos de encontro preferidos dos intelectuais do século XVIII. A cozinha desse tempo caracteriza-se por seu refinamento e pela complexidade, mas sobretudo pela abundância de pratos preparados com substâncias que tinham um poder supostamente afrodisíaco, tais como: açafrão, trufas, âmbar, baunilha, canela e estragão... E assim havia receitas com testículos de touro, cozidos com vergalho de bode, torta de crista de galo ou fígados, que tinham a mesma finalidade: incentivar a sexualidade para se poder gozar do prazer carnal após saborear os deleites de uma boa mesa. Os salões mais atrativos para os pensadores da época eram os de madame Geoffrin, mademoiselle de Lepinasse e madame Necker.

Dentre os vinhos, prefere-se o champanhe, o qual madame Pompadour dizia ser a única bebida que embelezava as mulheres, por mais que abusassem dela. As frutas exóticas, como manga e abacaxi, gozam também da preferência do público ilustrado.

Em seu poema "O mundano", Voltaire elogia estes banquetes como parte importante do estilo de vida das pessoas de seu tempo:

Vamos jantar! Estes talheres brilhantes!

Estes guisados saborosos, essas delícias!

Os cozinheiros são seres divinos.

Clóris, Egle, me escançam com suas mãos rosadas

um vinho espumante que guarda sua força

dentro da garrafa, até que escapa

com força e alegria ao disparar a rolha.

O riso que salta junto à espuma desse vinho leve

é a imagem perfeita de nossos franceses.

O amanhã nos trará novos desejos, novas ceias galantes, novos prazeres.

Porém, os salões das belas damas da nobreza não eram o único cenário visitado pelos pensadores da Ilustração. Muitos freqüentavam também os cafés, que proliferaram largamente nessa época. Paris, segundo dados da polícia, alcançava a cifra de 380 cafés em 1723 e 1.800 em 1788.

Dois dos estabelecimentos mais antigos da Europa são cafés: um é o Caffe Florian, na praça São Marcos de Veneza (primeira cidade que provou o café na Europa do século XVI), com suas paredes ainda impregnadas da presença de Goldoni, Goethe, Stravinsky e Hemingway; o outro é o Procope, em Paris, sendo desde a sua fundação, em 1689, parte da história da França. A *Enciclopédia* gerou-se nele, nas longas conversas entre Diderot e D'Alambert incitadas por rios de café. Um canto de um café parisiense servia para Voltaire escrever seus irônicos epigramas e, nos anos do Romantismo, foi o local favorito de Vítor Hugo e, como não, da escritora George Sand e sua amante, Marie Dorval, que compartilhava com Alfred de Vigny.

O café, nova bebida da moda da Europa ilustrada, exaltado pelos botânicos e bebido em excesso pelos filósofos, marcou, sem dúvida, o pensamento da época. Nunca antes uma droga tivera tanta transcendência social, se descontarmos o álcool. Os cientistas da época atribuem ao café as vantagens de curar a flatulência, fortalecer o fígado, purificar o sangue, incrementar o ritmo cardíaco, manter o seu consumidor acordado, perdurar a atenção, favorecer a concentração, estimular a atividade, eliminar mau humor, esclarecer as idéias e inclusive robustecer a força de vontade. Voltaire, sem dúvida, gozava da maioria destes benefícios como conseqüência de seu famoso vício por café.

O escândalo provocado pela publicação, em 1734, das *Cartas filosóficas* obrigou Voltaire a se refugiar na casa da marquesa de Chatêlet. Ao que parece, não foi a única porta pela qual entrou. Embora a do dormitório da dama ilustrada, admiradora das idéias de Newton, tenha tardado um pouco mais em ceder, ao final, nem ela resistiu aos encantos do pensador que, se me permitem acrescentar, não eram tão evidentes. A relação entre eles perdurou até a morte da marquesa, dezesseis anos depois. Durante todo esse tempo, Voltaire não deixou de consumir nem um só dia, em seu café-da-manhã, ostras com champanhe e uma xícara de chocolate aromatizado com baunilha, canela e âmbar-gris.

Quando está em seu castelo, o casal levanta-se todos os dias às cinco da manhã e trabalha até as dez, sendo que nenhum dos dois sai do quarto antes dessa hora. Tomam, então, o café-da-manhã e, em seguida, passeiam ou iniciam uma nova sessão de trabalho. Ao meio-dia é o almoço, seguido de uma conversa com os convidados à mesa. Às quatro da tarde é hora do lanche "íntimo". O jantar é servido às nove.

Com a morte de sua amiga, Voltaire parte para Berlim, convidado por Federico da Prússia, que o nomeia tesoureiro da corte e outorga-lhe vários aposentos privados nos palácios reais. Entretanto, uma disputa com o filósofo Maupertuis faz com que se decida a abandonar aquela corte. Em 1758, compra uma residência em Ferney, perto de Zurique, para manter-se longe do ruído mundano, entendido este num sentido muito amplo. Nesta época muda seus hábitos alimentares matutinos e vicia-se desmesuradamente em café. Passa o dia inteiro sentado diante de sua mesa de trabalho sem comer nem beber quase nenhuma outra coisa a não ser dezenas de xícaras de café.

Italianos o preferem *ristretto* (com metade de água e a mesma quantidade de café que um expresso). Alemães e suíços misturam com chocolate; mexicanos, com canela; etíopes, com um pouco de sal e ervas. Egípcios servem doce nas bodas e amargo nos enterros... Os espanhóis têm gostos muito variados: pode ser puro, com creme, com leite frio, quente ou morno; curto, longo, duplo, pingado; com gelo; americano...

No que se refere ao café, há pessoas tão minuciosas que só acreditam em suas próprias mãos. Este era o caso de Ludwig van Beethoven, que somente tomava o café que ele preparava, exatamente com 60 grãos por xícara. Ou ainda o de Honoré de Balzac, que atravessava toda Paris para comprar sua mistura favorita (bourbon, martinica e moca), à qual atribuía seus momentos de lucidez. "Com o café, a infantaria da lógica avança com deduções impecáveis. Frases engenhosas surgem como balas...", escreveu.

Quanto à lenda negra do café, recentes estudos científicos a desmentem na maioria de seus pontos. Os pesquisadores mostram-se agora muito interessados na relação café-cérebro. Por enquanto, já foi confirmado que a cafeína aumenta em mais de 10% a rapidez de processar informação, reduz a incidência de acidentes entre trabalhadores noturnos, deixa alerta e melhora a atenção dos motoristas e até, ao que parece, reduz o risco de suicídio... A última notícia a respeito é que influi nos níveis de dopamina, reduz o risco de contrair o mal de Parkinson, protege do câncer de cólon, de cânceres orais e até do câncer de mama.

François Marie Arouet, que se tornou célebre com o pseudônimo de Voltaire, sem dúvida alguma deve ao café parte de sua fecundidade literária e sua mordacidade. Não poupou ninguém: atacou o fanatismo religioso, o clero ladrão, o absolutismo, a guerra, a tortura, a fome, a peste, a pena de morte, a superstição, o catolicismo, a intolerância e a maioria dos que, antes das críticas que receberam, se consideravam seus amigos.

Em Voltaire, mais que de pessimismo em sentido estrito, há que se falar de uma crítica ao otimismo racionalista, por exemplo, na formulação de Leibniz. Esta confiança quimérica pode se fixar nos princípios leibnizianos de razão suficiente e de harmonia universal, segundo os quais a criação é perfeita em sua imensa variedade, porque não poderia ser de outra forma. Contra tal descomedimento levanta-se a crítica de Voltaire, que admite a humanidade do mal e as próprias limitações dos homens, atribuindo uma boa porção do bolo de sua ignorância manifesta.

Em Voltaire, há uma variação de matizes que vai da ironia pura ao mais cruel sarcasmo nos textos escritos quando mais velha, passando pela intenção de problematizar tudo o que se mantém constante no tempo. Um filósofo, segundo sua concepção, é alguém que coloca seu engenho a serviço da coletividade para atacar os males que afetam a sociedade. O pensador quer ser respeitado pela justeza de seus razoamentos, não pela obscuridade. Em outras épocas, chamou-se de filósofo alguém que se afastava dos outros, mas no século XVIII, principalmente em Voltaire, há a reivindicação para si de poder viver e desfrutar junto a seus contemporâneos. Apesar do gosto pela independência e a liberdade que caracteriza a profissão, com certeza nosso pensador se encontraria bem com Locke, Hume, D'Alembert, Diderot, Helvetius, Condorcet e outros companheiros da *Enciclopédia*. Cultivador do espírito lógico, não confia nem na intuição nem na revelação e faz da experiência a matriz de seu pensamento.

A crítica como habilidade de pensamento sempre comporta um esforço analítico e sintético considerável para, em primeiro lugar, diferenciar os elementos que censuraremos e, em segundo lugar, tentar discernir por onde fraquejam. O trabalho de relação está assegurado porque partimos de contínuas comparações com coisas anteriormente conhecidas, o que indica também um nível muito alto de informação. O interesse problematizador dá-se, é claro, no momento de emitir um juízo sobre uma coisa, apesar de que é pouco ou nada exercitado em vários contextos. Um bom nível inventivo para propor mudanças, melhorias, correções ou, simplesmente, na hora de distinguir pontos fracos de determinada construção é, no mínimo, imprescindível. Voltaire demonstrou acumular amplamente todas estas qualidades desde as suas primeiras obras.

O período da Regência foi um dos mais estranhos que vivenciou. A especulação econômica transformou-se na ocupação preferida da sociedade. Ninguém punha freio a uma coletividade descontrolada, nem no que se referia aos costumes, nem no que respeita às palavras. Um dos libelos mais celebrados da época, atribuído a Voltaire, intitulava-se *Tenho visto*, porque todos os seus parágrafos começavam com estas palavras: tenho visto o povo gemendo sob uma escravidão ignominiosa; tenho visto os impostos abusivos; tenho visto os ladrões impunes; tenho visto o soldado que morre de fome, de sede, de despeito e de raiva; tenho visto adoração aos jesuítas... E terminava assim: tenho visto estes males e ainda não tenho 20 anos. Voltaire passou um ano e meio na prisão em conseqüência disso.

Na década de 1720, permaneceu três anos em Londres, onde escreveu as *Cartas inglesas*, também conhecidas como *Cartas filosóficas*. Nelas comenta todo tipo de temas, das teorias físicas de Newton às leis inglesas, passando pelas teses de Locke, que consideram que nosso conhecimento vem dos sentidos, tentando sempre ensinar seus concidadãos a melhorar a sua forma de viver.

Seu *Exame crítico da Bíblia* tomou-lhe alguns meses, durante os quais não parou de escrever peças de teatro. De todas as ocupações que teve, esta foi a que mais lhe divertiu e a que mais dividendos lhe trouxe, mas não sei se uma coisa tem a ver com a outra. Em seu *Ensaio sobre os costumes*, afirma que a Europa só conheceu quatro épocas que podem ser consideradas felizes: o século de Péricles e Platão na Grécia; o de César e Cícero em Roma; o dos Médicis em Florença; e o de Luís XIV, Corneille e Racine na França. A qualidade boa desses tempos é atribuída ao espírito crítico frente às tradições que neles predominaram. O esplendor das igrejas e seus inquisidores são sinais inequívocos do final do esplendor.

Voltaire tem claro que nossas desventuras não vêm de nenhuma maldição bíblica, mas da pouca perícia com que os homens administram o bom entendimento que Deus lhes deu. A fome, a peste e a guerra, três epidemias endêmicas de nosso mundo, só podem ser atribuídas, assim, à nossa imperícia e preguiça. Uma das práticas mais execráveis de todos os tempos, que Voltaire abomina, é a escravidão.

De La Mettrie chega a dizer que Voltaire escreve livros falsos e perigosos que reduzem o gênero humano ao reino animal. O pensador discute longa e acaloradamente com Maupertuis pelo princípio de menor ação, segundo o qual a quantidade de ação necessária para qualquer mudança na natureza é sempre a menor possível, uma descoberta que este segundo considera comparável à lei da gravitação universal de Newton e que segue a linha das propostas de Leibniz quanto ao otimismo obtuso e doentio.

Nascido pobre e dedicando-se toda a vida ao ofício das letras, acaba possuindo dois castelos, duas belas casas, 70 mil libras de renda, 200 mil libras de prata de poupança e outras miudezas desse estilo, que são os frutos mais destacados de sua carreira de comerciante. Voltaire ganha grandes somas de dinheiro fretando barcos, tornando-se provedor das tropas, especulando como prestamista, investindo em terras e participando em operações financeiras de reputação duvidosa. E tudo isso sem deixar de lado suas convicções contestatórias. Algo que o movimento dadaísta considerará, muitos anos depois, exemplar e digno de ser lembrado no nome de seu mais reconhecido ponto de encontro: "Ser dadaísta significa deixar-se levar pelas coisas, estar contra a formação de sedimentos; sentar-se um momento numa cadeira significa colocar a vida em perigo".

O Prato do Dia

Centre au moka *com frutas exóticas e champanhe*

RECEITA

25 g de café moca moído, 125 g de farinha, 200 g de manteiga, 225 g de açúcar, 8 g de fermento, 7 ovos, 1 limão, frutas exóticas (manga, abacaxi, etc.) em pedaços, 1 taça de champanhe, chocolate quente.

O bolo de café que apresentamos engloba a sofisticação da época, o gosto pelo café e o espírito crítico simbolizado pelas frutas exóticas (que se consumiam em casa de madame Pompadour), deixadas cair ao acaso sobre o doce. O champanhe é outra transgressão crítica e lembra-nos a bebida com que Voltaire acompanhava as ostras.

Prepare a massa com 4 ovos (clara e gema), 125 g de açúcar, a casca de 1 limão ralada, farinha e fermento. Unte uma forma de bolo com manteiga e polvilhe com farinha. Encha a forma com a massa preparada e leve-a ao forno pré-aquecido, em temperatura média, até obter uma massa de bolo. Reserve.

Faça um xarope com água, açúcar, manteiga e 3 gemas de ovo. Trabalhe bem a frio até conseguir uma mistura consistente.

Prepare o extrato de café com os grãos de moca. Acrescente este líquido ao xarope que preparamos e também a taça de champanhe. Misture tudo até que fique um creme consistente e fino.

Corte o bolo pela metade. Cubra a parte inferior com a parte do creme e tampe-a com a outra metade. Recubra a parte superior do bolo e os lados com o restante do creme.

Apresentação: leve o bolo à mesa preparado com o creme. Diante dos comensais, verta de uma altura considerável o chocolate quente sobre o bolo, deixando que o cubra ao acaso. Depois, dê aos comensais os pedaços de fruta exótica para que salpiquem por cima do bolo, grudando-se no chocolate. A *performance* não estará completa sem uma evocação ao espírito crítico voltairiano...

ENIGMA PARA A SOBREMESA

15. Voltaire é convidado para uma conversa num baile organizado por uma dama da nobreza. O garçom que serve as mesas lhe traz um café no qual flutua uma mosca. O pensador, irado, pede imediatamente que lhe tragam outro. O garçom, displicente, torna a trazer a mesma xícara sem a mosca. Como Voltaire descobriu a farsa?

Dieta da imaginação

(MENU SARTRIANO)

Sempre tive medo da água.

SARTRE

"Se alguém lhes desse merda, eles a comeriam!". O proprietário do café cochicha este impropério diante da resignação com que os clientes aceitam o hediondo líquido que parece café servido em seu estabelecimento. Inverno de 1941. O Café de Flore fica no bulevar Saint-Germain, à esquerda, subindo para a Saint-Michel. É um estabelecimento típico da região: mesas de peroba e espelhos na parede, cadeiras forradas de vermelho e colunas reluzentes que sustentam o pequeno fragmento de teto esfumaçado, que protege nosso protagonista enquanto escreve. O calor do local faz com que ele seja um dos mais concorridos do bairro. Sartre escreve ao lado da estufa de carvão, escondido por trás de seus óculos redondos de concha e protegido da multidão por seu cachimbo de magriça, fazendo três horas de intenso trabalho. "Ao chegar, pede um chá com leite, bebido de um único gole. Depois, nada mais." Desta forma, descreve Cohen-Soal o cotidiano de Sartre em seu primeiro inverno alemão em Paris.

Seu horizonte nessa época se reduz a um triângulo: Montparnasse, onde está a pensão Mistral, suja e fria; Passy, o domicílio dos Mancy, onde faz as refeições, graças ao que a dona da casa fica o tempo todo atrás de filas por melhores preços; e Saint-Lazare, onde está o liceu Condorcet, ao qual é enviado em outubro de 1941. Seu salário, no entanto, não lhe permite freqüentar nem os restaurantes de categoria "D".

Por sua vez, a geografia intelectual do momento era rutilante e estava definida pela recente publicação, entre outras, de *A imaginação* (1936), *A náusea* (1938), *O imaginário: psicologia fenomenológica da imaginação* (1940), por um lado, e a redação de *O ser e o nada* (1943), por outro. Porém nos concentraremos nas que tratam de um tema comum.

Sartre focaliza muito rapidamente sua atenção na imaginação, talvez por ser um tema deixado de lado pela filosofia. Desde os gregos, os homens explicam o mundo antes com a memória que com a imaginação, como podemos observar em Platão, um dos máximos responsáveis por este inconveniente. Ao dividir o mundo em dois âmbitos, o do mundo inteligível e o do mundo sensível, caracteriza o primeiro como valedor da realidade das coisas e concede à razão a possibilidade de aceder a ele; enquanto o segundo fica reservado às imagens, sombras e aparências, e é objeto de cultivo pela imaginação. A verdade contra a mentira, ou seja, o binômio razão–memória diante da dupla imaginação–sensibilidade. Dois caminhos irreconciliáveis que avançariam, com a mesma sorte, em paralelo até o Romantismo.

Apesar de concordarmos com Gómez de Liaño quando afirma que Platão é o primeiro pensador a apresentar uma teoria unificada da imaginação, não podemos deixar de reconhecer que esta é sempre caracterizada como uma faculdade falaciosa e traidora que induz ao erro. Muito diferente é a proposta de Sartre. Segundo ele, a imaginação tem quatro propriedades. A primeira é ser um ato de consciência, ou seja, a imagem resultante do processo fabulador não é algo extraído da memória, mas uma atividade produtiva da qual podemos obter conhecimento. A análise de Sartre tenta demonstrar que as imagens e as percepções não são duas coisas diferentes na consciência, mas duas formas diferentes de ser consciente das coisas.

A imagem que obtemos transforma-se numa "quase observação", de maneira que representa ao mesmo tempo a coisa e sua negação, ao resumir algumas de suas características, mas também esquecer outras. Em terceiro lugar, Sartre destaca a espontaneidade da imagem, pois, enquanto a percepção é uma faculdade passiva, que se encarrega de receber e transmitir informação, a imaginação é uma faculdade ativa, porque espontaneamente cria significados para além das próprias coisas. A imaginação não está determinada por nada externo a ela mesma, portanto exerce seu magistério livremente. Desta forma, Sartre descobre a sedução da indeterminação da imaginação, que tantas possibilidades suscita, mas também, e não podemos esquecer, tantos riscos entranha.

Finalmente, Sartre reconhece que a imagem não é nada: a imaginação nega a realidade ao propor uma nova ordem de coisas. Quando eu imagino uma coisa, estou realizando uma dupla negação. Porém será precisamente esta negatividade que permitirá a Sartre entender melhor o mundo dos sonhos, da arte, da sexualidade e/ou da filosofia.

A imaginação é essencialmente um ato de negação, como dissemos, mas também constitui um ato de fascinação, como se intui ao falar-se de liberdade. Depois de negar o mundo real, o sujeito cria uma nova realidade, que resulta muito mais atraente, confortável, acolhedora para se viver. Sartre explica essa idéia com o uso de diversas metáforas: a do ator, a do rei Midas, a de Pigmalião, a de Narciso, a do neurótico. A fascinação da imaginação é antes de tudo uma forma de auto-engano sem limites. O homem é um criador que se vê encurralado por sua própria obra.

Concordando nesse ponto com Kant, afirma que é somente graças ao fato de ser transcendentalmente livre que o homem pode imaginar, e apenas por poder imaginar é transcendentalmente livre, abordando, dessa forma, os temas da arte e da ética. A arte tem uma finalidade que transcende a realidade, para além de qualquer objeto físico concreto. Por isso, enganam-se, para Sartre, aqueles que, como Platão, tentam interpretá-la ancorada em suas coordenadas materiais. Para o pensador latino, a arte e a ética são os dois âmbitos privilegiados nos quais é possível expressar a imaginação.

Isso entronca com a obra que estava redigindo naquele momento, *O ser e o nada*. O ser-para-si é consciente do vazio que comporta sua própria existência. A imaginação pode preencher este grande buraco com imagens, desejos, sonhos, delírios..., mas só pode fazê-lo se encontrar um lugar desocupado. E em sua obra capital, o alimento contrapõe-se ao vazio que molesta o ser, sendo apresentado como a massinha que tampará a boca; comer é, entre outras coisas, tapar um buraco. O lugar que se disputa com a imaginação. Trata-se, então, da mesma idéia que os místicos tinham de que era preciso desocupar o corpo para que pudesse ser ocupado pela divindade, com métodos tão ou mais drásticos que os de Sartre. A saciedade burguesa não permite estas alegrias, o que se pode observar com a palavra *náusea*, que invoca, já a partir do título, um remédio para esses males. O homem vive para exercer a liberdade de escolher e se deixar seduzir pela imaginação.

Como dizíamos, Jean Paul Sartre, Simone de Beauvoir e seu séquito de admiradores mais próximos deixaram raízes no Café de Flore, o mesmo que freqüentaria Barthes, desde os primeiros meses do inverno de 1941. Em 1938 e 1939, reuniam-se normalmente em Montparnasse no Dome, e em La Coupole, um restaurante que Sartre freqüentou habitualmente durante toda a sua vida. Depois da libertação de 1945, o bairro mudaria subitamente e adquiriria o caráter boêmio que todos conhecemos e que o tornou popular em todo o mundo.

Em finais de 1946, as adegas de Saint-Germain-des-Prés foram descobertas por um público ávido por novidades, que se deixava acender pela música jazz e a moda dos suéteres escuros de gola alta. Sartre encontrava-se num dos momentos mais criativos de sua vida: sua produção era incessante, com ensaios, artigos, peças de teatro e romances. Ele mesmo reconhecia: "Estes jovens não têm nenhuma relação comigo. Eu não tenho nada a ver com eles".

Sartre vive desordenadamente, sendo que o único ritual que mantém é escrever três horas pela manhã e três à tarde, inclusive quando está de férias. Sartre também come desordenadamente, já que, para ele, é absolutamente indiferente saltar uma refeição ou mesmo duas. Beauvoir confirma que ele comia qualquer coisa, em qualquer momento e de qualquer forma.

Não gosta de quase nada; desagradam-lhe mariscos, detesta vegetais, sente uma tremenda repugnância por tomates, como lembra Onfray, e por carne azeda. Prefere charcutaria, chocolate, tortas, vinho, licores. Não suporta quase nada em seu estado natural. É um ser ávido por cultura até no que há de mais elementar: a comida.

No apartamento que ocupava naquela época, na rua Bonaparte, reina um absoluto silêncio. Sartre escreve ou lê três horas pela manhã e três horas à tarde. Às vezes, interpreta alguma peça ao piano para relaxar. Almoça e janta com os amigos íntimos ou com as amantes, freqüentando apenas o Flore, o Deux Margots e La Coupole. Nada de jantar fora, afinal os restaurantes onde come são verdadeiros santuários. Tanto é assim que é conhecido pelos garçons, que respeitam e defendem com rigor sua intimidade. É acompanhado freqüentemente por jornalistas, admiradores ou colegas.

Seu incessante ritmo de trabalho o leva a padecer de uma forte crise em 1947. Os encargos que aceita para escrever o deixam completamente extenuado, fazendo com que tenha de consumir café, drogas, uísque, comprimidos de todo tipo, tabaco, vinho, para poder manter o ritmo. Em 1954, tem um ataque de hipertensão, do qual se recupera sem variar fundamentalmente seus hábitos alimentares.

Não atende às solicitações de seu corpo, desprezando a carne, até na vertente sexual, segundo alguns de seus biógrafos. Não dorme e continua comendo desordenadamente. Escreve a *Crítica da razão dialética* levado por um furioso êxtase produzido pelo consumo de corydrane, produto que em 1971 foi considerado tóxico, que acalma, estimula, tranqüiliza e excita, tudo ao mesmo tempo. Vejamos novamente o cardápio que consumia num só dia, em 24 horas, o qual Cohen-Soal detalha:

> Dois pacotes de cigarros e numerosos cachimbos de tabaco preto, mais de um litro de álcool – vinho, cerveja, aguardente, uísque, etc. –, duzentos miligramas de anfetaminas, quinze gramas de aspirina, vários gramas de barbitúrico, sem contar os cafés e chás e todas as gorduras de sua alimentação cotidiana.

Tudo isso para alimentar sua imaginação:

> "Perceba que o gosto por corydrane" – revelará a Beauvoir numa conversa – "era um pouco a perseguição do imaginário; o estado em que eu estava depois de tomar dez comprimidos de corydrane de manhã, enquanto trabalhava, era o de abandono completo de meu corpo; eu me apreendia nos movimentos de minha pena, de minhas imaginações e da formação de minhas idéias". "Cuidar da minha saúde?" – dizia a seus amigos –. "Para quê? [...] Com estes pressupostos, é previsível um desenlace certo".

Sartre morreu em 15 de abril de 1980, às nove da noite, no leito que ocupava no hospital Brossais. Seus últimos anos de vida foram amargos. No sábado em que fora enterrado, mais de 50 mil pessoas se concentraram para ver o cortejo fúnebre. Alguns afirmaram que, ao passar diante do famoso restaurante La Coupole, viram os garçons reverenciá-lo, com os olhos cheios de lágrimas ante o cortejo.

O Prato do Dia
Caviar de maçã

RECEITA (PARA APROXIMADAMENTE DEZ PESSOAS)

PARA O SUCO DE MAÇÃ: 600 g de maçãs Golden.

PARA A REDUÇÃO DE MAÇÃ: 300 g de maçã Granny Smith.

PARA O CAVIAR DE MAÇÃ: 250 g de suco de maçã Golden (elaboração anterior), 2 g de alginato, 0,18 g de citrato sódico.

PARA A MISTURA DE CLORETO DE CÁLCIO: 500 ml de água e 2,5 g de cloreto de cálcio.

OUTROS INGREDIENTES: 2 g de canela em pó moída na hora, 30 gotas de vinagre *extra vecchio*, 4 maçãs Granny Smith.

Provavelmente Sartre nunca teria comido caviar de maçã, nem sequer teria se dignado a olhar para ele, apesar de ser um prato tremendamente criativo. Ferran Adrià cria novos significados e inventa sabores desconhecidos a partir da simplicidade de uma maçã, fruta esta que Sartre desprezava.

A confecção deste prato consta dos seguintes passos, com os ingredientes que se especificam no início da receita:

Suco de maçã: lave as maçãs, retire os caroços, corte-as em cubos e bata no liquidificador. Verta o líquido num recipiente alto e estreito e deixe-o no congelador durante uns trinta minutos para que se solidifiquem as impurezas acumuladas na parte superior e fique mais fácil retirá-las. Tire o recipiente do congelador e retire essas impurezas com a ajuda de uma espumadeira. Passe o suco de maçã por uma peneira e reserve para o caviar.

REDUÇÃO DE MAÇÃ: realize o mesmo processo feito com o suco de maçã. Uma vez passado o suco pela peneira, leve-o ao fogo médio até conseguir a densidade de um caramelo líquido.

CAVIAR DE MAÇÃ: misture a frio o alginato com um terço do suco e triture tudo com a batedeira elétrica para conseguir uma dissolução perfeita. Aqueça a mistura até 90 ºC, retire-a do fogo, acrescente o restante do suco e dissolva o líquido no citrato sódico. Coe e guarde até o momento de servir.

MISTURA DE CLORETO DE CÁLCIO: dissolva o cloreto de cálcio na água e guarde.

COMPOSIÇÃO DO PRATO: bata no liquidificador as quatro maçãs Granny Smith. Verta o líquido num recipiente alto e estreito e deixe-o repousar no congelador durante cinco minutos. Encha quatro seringas com o suco de maçã. Despeje gota a gota na solução de água e cloreto e deixe cozinhar um minuto. Coe e lave o caviar em água fria, escorra e acrescente duas colheres da espuma da maçã, que se deixou repousar no congelador. Coloque 25 g de caviar em cada forma, tempere com um pouco de redução de maçã, canela em pó e 3 gotas de vinagre. Tampe e sirva.

ENIGMA PARA A SOBREMESA

16. Sartre imagina num de seus piores pesadelos que está trancado num restaurante imundo que só tem duas portas. Se escolher uma, encontrará a morte; mas, se escolher a outra, encontrará a liberdade. No entanto, não sabe qual porta conduz à liberdade. Há um guarda diante de cada porta: um deles diz sempre a verdade e o outro sempre mente, só que, infelizmente, não sabe qual é sincero e qual é mentiroso. Só pode fazer uma pergunta a um guarda e logo tentar sair por uma das portas. Que pergunta deve formular para estar certo de sua escolha?

A cozinha do pensamento

Ferva as castanhas por uns cinco minutos; transcorrido esse tempo, escorra-as e descasque. Feitas estas operações, coloque-as para ferver novamente com água nova e 100 g de açúcar até que amoleçam. Escorra novamente e, uma vez secas, passe-as pelo amassador de batatas.

Até aqui, trata-se de uma receita culinária usual, em que intervêm no mínimo as técnicas de escorrer, descascar e ferver para cozinhar uma suculenta torta de castanhas.

O procedimento básico, nesse processo inicial, como vemos, é ferver. Para ferver, é necessário levar o líquido à temperatura de ebulição a fim de cozinhar os alimentos que estão em seu interior. Manter esta temperatura durante um tempo permite o conjunto de processos conhecidos como cozimento. Ferver com água significa manter, com a ajuda de sal e especiarias, os alimentos a mais de 100 ºC, a fim de que haja um intercâmbio entre eles de aromas e conteúdos. Aumentar a temperatura, neste caso, não varia o resultado, e os processos não se aceleram. Porém, quanto mais salgada for a água, maior temperatura de ebulição conseguiremos e mais aroma perderá o produto, ou seja, mais insípido poderá ficar o que estamos cozinhando.

O cozimento, operação central na maioria das receitas de cozinha, busca modificar a textura, o sabor e o aspecto dos ingredientes, alterando a estrutura das proteínas. Geralmente se aceita que há três formas básicas de cozinhar por calor: no ar, em água ou em gordura, dependendo do veículo que utilizemos para fazer chegar o calor aos alimentos. A fórmula escolhida será determinada pelo tipo de produto, seu estado e a finalidade desejada. Por exemplo, um cozimento que queira conservar a textura terá de ser forçosamente breve e pouco intenso, como o que se aplica às verduras ao vapor. Convém analisar as receitas desse ponto de vista para conseguir alguns rendimentos adequados na cozinha, pois os procedimentos determinam absolutamente o produto final de nosso trabalho.

As técnicas são variadas: junto com o cozimento, estão as não menos importantes de congelar, descongelar, temperar, marinar, repousar, macerar, fundir, fritar, gratinar, assar, coar, caramelizar, estufar, desossar, dessalgar, escorrer, dourar, empanar e um sem-fim de processos que enriquecem a arte culinária. A lista é generosa e floreada, mas não casual, pois, na cozinha, nada fica completamente nas mãos do acaso, sem poder tampouco escapar definitivamente do poder onímodo que este ostenta.

Essas inúmeras formas de comportar-se e governar o reino das panelas podem estar sujeitas a diferentes ordens, se levarmos em conta a sua procedência geográfica, temporal, técnica ou sacramental. Assim, podemos falar, por exemplo, em técnicas orientais ou ocidentais; processos medievais ou clássicos; métodos elaborados ou simples; procedimentos suntuosos ou cotidianos etc. Porém, suas semelhanças são mais importantes do que suas diferenças: a base fundamental é a ação humana sobre a matéria alimentar para transformá-la em manjares apetecíveis. E se pensarmos no comum dos mortais, esta ação é mais importante que o autor, os ornamentos ou a prosopopéia. A gastronomia define-se, então, antes pelos métodos que pelas assinaturas, a literatura ou o rímel, como ocorre com o pensamento.

Dizíamos na introdução que a gastronomia é a arte de cozinhar os alimentos para produzir felicidade, assim como a filosofia é o engenho de ferver idéias para obter perguntas. Ambas as disciplinas estão marcadas por seus modos de operar e proceder, uma realidade que parece querer enviesar-se, no mínimo no âmbito do pensamento.

Em nosso trabalho, tentamos corrigir este viés dando o papel de protagonista que a dedução, a análise, as alternativas, o sonho, a observação, a indução, a experiência, a síntese, as perguntas, o investimento, as analogias, a crítica, a imaginação ou a ironia merecem, apenas para citar a maioria dos casos. Cada um foi relacionado a um autor, seu sistema e um contexto culinário.

As três modalidades de pensamento que conhecemos também determinam uma possível classificação dos procedimentos. O pensamento criativo habitualmente se define em contraposição ao lógico e caracteriza-se por buscar sistemas para gerar idéias novas, originais e úteis. Dentro desse âmbito incluem-se, entre outros, a incubação, sínteses, perguntas, alternativas, sonhos, investimento, metáfora, crítica, o cultivo da imaginação ou a prática reflexiva do humor. O pensamento racional, por sua vez, pretende evitar as contradições, argumentar as afirmações e, em geral, ter uma atitude crítica ante qualquer tipo de vislumbre dogmático. Sua prática comporta um conhecimento suficiente da dedução, da indução e das analogias. Enquanto o pensamento científico persegue a utopia de aprofundar-se no conhecimento experimental da realidade, sendo seus pressupostos de objetividade, demonstrabilidade e segurança bem-conhecidos. O sistema predileto que define essa prática é o método hipotético-dedutivo, que porta consigo – associadas às capacidades de observação – análises, experimentação e facilidade para gerar hipóteses. A todos eles nos referimos amplamente nas páginas precedentes.

Nosso principal objetivo foi ressaltar a importância do caminho junto com a do viajante e a de seu ponto de destino, uma vez que, demasiadas vezes o cultivo da filosofia se reduziu à biografia ou à exegese. Quisemos apresentar o esqueleto formal do pensamento como uma forma de facilitar o acesso ao mesmo, que pode ser facilitado pela intemporalidade dos procedimentos e sua fácil aplicação prática a problemas atuais. A face oculta da montanha não tem por que ser sempre a mais sem-graça, fria e austera. E mais, as descobertas mais recentes e significativas da psicologia contemporânea coincidem com a maioria das reflexões apontadas.

A noção básica da revolução cognitiva é o conceito de cognição, a imagem mental que formamos a partir das experiências. Os psicólogos cognitivos acreditam que as pessoas têm uma peneira conceitual que não só determina as novas percepções, mas também condiciona nossa maneira de entender o mundo. Uma espécie de conceito *a priori*, segundo a terminologia kantiana, prévio à experiência, que só tem sentido se aplicado a essa experiência.

Estas cognições podem ser muito perigosas se não as reconhecermos e, de alguma maneira, regularmos, porque estão relacionadas a nossos estados de ânimo, determinam a motivação e são a base da conduta inteligente. Hoje sabemos que estas cognições tendem a se estabilizar no seio de um determinado sistema neurológico, mas também estamos convencidos de que podem se reestruturar em função da maturação dos indivíduos e seu treinamento.

Quais são as premissas sobre as quais se sustenta esta convicção? Enumeraremos e as explicaremos adiante, seguindo Howard Gardner.

Premissa evolutiva. Graças à obra do psicólogo suíço Jean Piaget, reconhece-se que as crianças têm sua própria forma de representar o mundo e que esta evolui segundo a idade, apesar de não estar totalmente determinada por ela – num grupo de crianças da mesma idade, pode ser que algumas sejam capazes de realizar operações mais complexas que outras.

Premissa universal. Noam Chomsky defendeu que a linguagem é um tipo muito especial de sistema cognitivo de valor universal que tem suas próprias representações psicológicas e neurológicas. Apesar de esta perspectiva estar tingida de inatismo, ela não deixa completamente de lado o trabalho do educador, já que a universalidade permitirá desenhar programas que tenham uma aplicação muito geral, bem como a hipótese de uma evolução global de pensamento a partir de adaptações locais.

Premissa da diversidade. De acordo com as análises de Howard Gardner, todos os seres humanos possuem, pelo menos, sete formas diferentes de inteligência – lingüística, lógica, espacial, musical, interpessoal, intrapessoal e cinestésica (na última versão, amplia-as para oito, acrescentando a naturalista, com a possibilidade de se incorporarem outras duas, a espiritual e a existencial). Cada uma delas reflete sua definição de inteligência como "o potencial para resolver problemas ou criar produtos úteis e apreciados por nossos congêneres". Esta proposta encaminhanos a um ensino individualizado e personalizado, que deve levar em contar as representações mentais específicas de cada estudante.

Premissa formal. Não se deve continuar confundindo educação com acumulação de informações. A exploração das chamadas funções cognitivas superiores (a descoberta e a resolução de problemas, o planejamento, a reflexão, a criatividade, a compreensão) levou-nos à convicção de que é tanto ou mais importante trabalhar os procedimentos do pensamento que os conteúdos, ou seja, os conhecimentos importantes são, precisamente, os "saberes de acesso". Compreendê-lo assim será cada dia mais necessário, porque vamos dispor de grande quantidade de informação a nosso alcance e devemos aprender a conviver com ela. Os teóricos da inteligência artificial distinguem entre conhecimentos proposicionais e conhecimentos procedimentais. Em poucas palavras, uns contêm informação e outros, os modos de operar com ela. Ocorre, como lembra José Antonio Marina, que a distância entre os dois tipos vai-se reduzindo cada vez mais, e alguns autores sustentam que toda informação proposicional pode se transformar em informação sobre procedimentos.

Premissa emocional. As emoções atuam como um dispositivo inicial de sinalização que focaliza a atenção dos estudantes em alguns centros de interesse. A integração do âmbito emocional numa perspectiva cognitiva é um dos grandes desafios da educação no século XXI. Direi como José Antonio Marina, com certa rispidez: "Os sentimentos são o modo como aparecem na consciência grandes bloqueios de informação integrada, que incluem valores".

Os esquemas para apropriarmo-nos da realidade são cada vez mais complexos. Não sabemos o que sabemos. No mínimo, não sabemos como sabemos. As palavras aglutinam o reservatório que a experiência vivida deixou. Viajamos com uma mala que foi sendo preenchida por objetos que esquecemos, alguns dos quais são completamente determinantes para viver. Os sentimentos permitem-nos estruturar a experiência em função da lembrança, uma memória tácita que às vezes supõe o banco de experiência de toda nossa espécie.

A mesma que nos impõe a prática do guisado para cozinhar um boi com molho de vinho; ou a do refogado para temperar rins de bezerro ao vermute; um *sorbet* picolé de limão é impensável sem se dominar a técnica de fazer sorvete; a purgação é um elemento essencial no processo de elaboração das berinjelas com arroz; o tempero determina os resultados da torta de bacalhau; é preciso dominar a técnica de colocar na brasa um boi com azeitonas, e, como dizíamos, até uma operação simples como o cozimento envolve riscos na hora de obter uma excelente torta de castanhas.

Do mesmo modo, só para citar alguns exemplos, não se concebe o idealismo transcendental sem a prática da síntese; as descobertas físicas e astronômicas de Galileu sem entender o método hipotético-dedutivo; o conceito benjaminiano de "aura" sem compreender sua concepção da experiência; o materialismo de La Mettrie sem atentar para a importância da observação em seu pensamento; a transmutação de valores sem perceber a relação manifesta com o investimento; a concepção socrática dos universais desligada do exercício da ironia; a transgressão sadiana sem perceber a relação com a técnica que busca alternativas de pensamento; o conceito cartesiano de substância sem vislumbrar a importância que para seu autor adquire a lógica dedutiva; o existencialismo sem ter entrado em contato com a teorização sartriana sobre a imaginação; a filosofia platônica desatendendo para o valor das questões; ou a proposta do novo *órganon* baconiano prescindindo da indução.

Os procedimentos são o sal da filosofia, porque determinam completamente, sem se perceber, o resultado do exercício do pensamento. As habilidades de pensamento permitem macerar as idéias, variando suas propriedades fundamentais: extensão, profundidade, sentido, agressividade, conteúdo... As técnicas de pensamento desengorduram o intelecto para agilizar a reflexão. A inteligência caracteriza-se porque é de combustão lenta. A cozinha do pensamento é possível graças ao cultivo dos procedimentos que nos permitem discorrer. Pretender explicar em seu molho as características principais dos mesmos pareceu-nos não só o melhor modo de avaliar esta tese, mas também uma boa desculpa para tentar exercitá-los. Esta sempre foi nossa pretensão.

O entendimento não digere bem as idéias cruas, pois a metafísica está na cozinha. A única coisa que temos de fazer é ir buscá-la ali. Também é uma boa precaução para que a filosofia não seja o prelúdio da fuga do pensamento. O intelecto é como o paladar: se não o usarmos, atrofia-se e perde-se. O pensamento é ou um aprendizado ou uma farsa. O sentido mais importante para o cozinheiro e para o pensador é o olfato. Pensar é uma prática que não pode evitar arrazoar sobre si mesma para tentar corrigir sua intemperante tendência ao delírio. Não menos correto é que degustar uma deliciosa torta de castanhas também pode contribuir para isso.

Solução dos enigmas para a sobremesa

1. Pitágoras tinha 28 discípulos (a metade: 14; um quarto: 7; um sétimo: 4; e três mulheres: 3).

   Os valores do quadrado mágico são:

2	9	4
7	5	3
6	1	8

2. A chave está em simbolizar os antecedentes e estabelecer as relações entre eles. A relação global significante é que a quantidade de leite dada por ambos os grupos de vacas é a mesma, ou seja, mesmo quando o grupo demore cinco dias e o outro grupo, apenas quatro, a relação pode ser expressa simbolicamente por: 5 dias $\times$ (4N = 3M) = 4 dias $\times$ (3N = 5M). Neste momento, podemos imaginar os dois grupos de vacas situados dos dois lados de uma enorme balança. Como as vinte vacas marrons do lado direito necessitam de doze vacas pretas para guardar o equilíbrio, as vinte vacas pretas do lado esquerdo necessitam de quinze vacas marrons para o mesmo fim, e fica claro que as vacas marrons dão mais leite.

3. A primeira possibilidade consiste em cortar a torta em dois pedaços e amontoá-los para tornar a cortar e montá-los novamente e tornar a cortá-los. Com isso, temos as oito porções com apenas três cortes. A segunda possibilidade consiste em cortar a torta primeiro transversalmente para fazer depois dois cortes segundo o sistema tradicional. A terceira propõe a possibilidade de que os cortes não sejam retos.

4. Apenas é possível caso se propuser o problema em volume e se adotar a figura de uma pirâmide.

5. São necessárias no mínimo quatro aves.

6. Obtém seu alimento básico ingerindo ovos de outras aves que não sejam galinhas.

7. Numerando os copos de um a seis, erguemos o dois e o esvaziamos na posição cinco.

8. Só é possível ao adotar a figura de uma estrela de Davi.

9. A solução para o primeiro problema das bolas de bilhar é numerando-as de 1 a 6, começando pela esquerda. Para resolver o problema, movemos as bolas 2 e 3 para a esquerda do 1. Em seguida movimentamos as bolas 5 e 6 para a esquerda, enchendo o espaço deixado pelas bolas 2 e 3, o que coloca juntas todas as bolas vermelhas e todas as brancas da extremidade direita sobre a esquerda, resolvendo assim o problema.

A solução para o segundo problema de bolas de bilhar é lançar uma bola para cima com a mão, pois, com isso, conseguiremos que percorra uma curta distância e se detenha invertendo o sentido da marcha para retornar ao ponto de partida.

10. A base lógica da série não é numérica, mas alfabética, portanto pode continuar com números como: 6, 33, 3...

11. 99 + 9/9 = 100.

12. Para conseguir, os estudantes devem realizar as seguintes operações com as medidas de 8, 5 e 3 litros, respectivamente: 8-0-0/ 5-0-3/ 5-3-0/ 2-3-3/ 2-5-1/ 7-0-1/ 7-1-0/ 4-1-3.

13. O assassino é Pausânias.

14. Deus nunca pode ver um semelhante. A solução do segundo problema é cortar os pães em três partes e reparti-las por igual entre os três comensais, o que resulta em oito partes a cada um. Assim, quem tinha três pães cede uma parte, e o que tinha cinco, cede sete partes. Portanto, para o que tinha três pães dá-se uma moeda de ouro, e para o que tinha cinco, sete.

15. O café estava frio.

16. A pergunta que nos permite solucionar o enigma é:
    O que responderia seu companheiro à pergunta sobre a porta adequada para sair? E fazer o contrário. Porque aquele que diz a verdade nos dirá quem mente e o que mente jamais dirá a verdade.

Referências bibliográficas fundamentais

BACON, Francis. *La nueva Atlántida*. Barcelona: Abraxas, 1999.

_____. *Novum Organum*. Barcelona: Folio, 2003.

BENJAMIN, Walter. "El narrador". Em *Revista de Occidente*. Madri, dezembro de 1973.

_____. *Haschisch*. Madri: Taurus, 1974.

_____. *Iluminaciones I, II, III*. Madri: Taurus, 1971, 1972, 1973.

DESCARTES, René. *Discurso del método*. Barcelona: Ediciones B, 1989.

_____. *Meditaciones metafísicas*. Madri: Orbis, 1985.

FREUD, Sigmund. *La interpretación de los sueños*. Barcelona: Orbis, 1988.

GALILEI, Galileu. *Diálogo sobre los dos máximos sistemas del mundo tolemaico y copernicano*. Madri: Alianza, 1994.

HEIDEGGER, Martin. *Ser y tiempo*. Madri: FCE, 2000.

KIERKEGAARD, Soren. *Migajas filosóficas*. Madri: Trotta, 2001.

LA METTRIE, Julien Offroy. *Anti-Séneca o discurso sobre la felicidad*. Madri: Nacional, 1983.

_____. *El hombre máquina. El arte de gozar*. Madri: Valdemar, 2000.

NIETZSCHE, Friedrich. *Así hablaba Zaratustra*. Madri: Edaf, 1981.

_____. *El nacimiento de la tragedia*. Madri: Alianza, 1981.

_____. *Más allá del bien y del mal*. Madri: Alianza, 1972.

PLATÃO. *Diálogos*. Madri: Guadarrama, 1979.

_____. *Diálogos*. Madri: Gredos, 1986.

ROUSSEAU, Jean-Jacques. *Els somieigs del passejant solitari*. Barcelona: Proa, 1996.

SADE. *Ciento veinte jornadas de Sodoma*. Madri: Fundamentos, 1985.

_____. *Justina*. Madri: Cátedra, 1989.

_____. *La filosofía en el tocador*. Barcelona: Tusquets, 1988.

SARTRE, Jean-Paul. *La imaginación*. Barcelona: Edhasa, 1979.

BIOGRAFIAS E AUTOBIOGRAFIAS

BOTUL, Jean-Baptiste. *La vie sexuelle d'Emmanuel Kant*. Turim: Editions Mille et Une Nuits, 1999.

COHEN-SOAL, Annie. *Sartre*. Barcelona: Edhasa, 1989.

FARRINGTON, Benjamin. *Francis Bacon filósofo de la revolución industrial*. Madri: Endymion, 1991.

JANZ, Curt Paul. *Friedrich Nietzsche*. Madri: Alianza, 1985.

KUEHN, Manfred. *Kant*. Madri: Acento, 2003.

LAERCIO, Diógenes. *Vida de los más ilustres filósofos griegos*. Barcelona: Folio, 2003.

LARRAÑETA, Rafael. *La lupa de Kierkegaard*. Salamanca: San Esteban, 2002.

MARTORELL, Concha Fernández. *Walter Benjamin*. Barcelona: Montesinos, 1992.

PAUVERT, Jean-Jacques. *Sade, una inocencia salvaje*. Barcelona: Tusquets, 1986.

PORTA, Miquel. *Sade*. Barcelona: La Magrana, 1992.

PUJOL, Carlos. *Voltaire*. Barcelona: Planeta, 1973.

ROUSSEAU, Jean-Jacques. *Confesiones*. Barcelona: Planeta, 1993.

SAFRANSKI, Rüdiger. *Un maestro de nuestro tiempo: Martin Heidegger y su tiempo*. Barcelona: Tusquets, 1997.

SAVATER, Fernando. *El jardín de las dudas*. Barcelona: Planeta, 1993.

SOBEL, Daba. *La hija de Galileo*. Madri: Debate, 1999.

SUANCES MARCOS, Manuel. *Sören Kierkegaard: vida de un filósofo atormentado*. Madri: Uned, 1998.

TOVAR, Antonio. *Vida de Sócrates*. Madri: Alianza, 1984.

VALERO, Vicente. *Experiencia y pobreza: Walter Benjamin en Ibiza, 1932-1933*. Barcelona: Península, 2001.

WATSON, Richard. *Descartes*. Barcelona: Vergara, 2003.

GASTRONOMIA

BARTHES, Roland. "Mitologías". Em *Fisiología del gusto*. Madri: Siglo XXI, 1980.

BRILLAT-SAVARIN, Jean-Anthelme. *Fisiología del gusto*. Barcelona: Iberia, 1999.

CHATELET, Noëlle. *La aventura de comer*. Madri: Júcar, 1985.

HARRIS, Marvin. *Bueno para comer*. Madri: Alianza, 1989.

LA REYNIÈRE, Grimod de. *Manual de anfitriones y guía de golosos*. Barcelona: Tusquets, 1980.

REVEL, Jean-François. *Un festín de palabras*. Barcelona: 1980.

TORRES TORRES, Marià. *Antropologia d'Eivissa i Formentera*. Mediterrània: Eivissa, 1999.

Técnicas de Pensamento

BLACKBURN, Simon. *Pensar*. Barcelona: Paidós: 2001.

CSIKSZENTMIHALYI, Mihaly. *Creatividad*. Barcelona: Paidós, 1998.

DAVIS, Gary A. & SCOTT, Joseph A. *Estrategias para la creatividad*. Buenos Aires: Paidós, 1975.

GARDNER, Howard. *Mentes creativas*. Barcelona: Paidós, 1995.

LIAÑO, Ignacio Gómez De. *El idioma de la imaginación*. Madri: Tecnos, 1992.

MARÍN, Ricardo; DE LA TORRE, Saturnino. *Manual de creatividad*. Barcelona: Vicens Vives, 1991.

MARTÍNEZ-DUEÑAS, José Luis. *La metáfora*. Barcelona: Octaedro, 1993.

OSBORN, Alex F. *Applied imagination*. Nova Iorque: Charles Scribner's Sons, 1979.

SIKORA, Joachim. *Manual de métodos creativos*. Buenos Aires: Kapeluz, 1979.

VANGUNDY, Arthur. B. *Techniques of structured problem solving*. Nova Iorque: VNR, 1988.

WESTON, Anthony. *Las claves de la argumentación*. Barcelona: Ariel, 1994.

WOOD, Larry. *Estrategias de pensamiento*. Barcelona: Labor, 1988.

ZELINSKI, Ernie. *Pensar a lo grande*. Barcelona: Ontro, 2001.

História

ACKERMAN, Diane. *Una historia natural de los sentidos*. Barcelona: Anagrama, 1992.

ARIÈS, Philleppe; DUBY, Georges. *Historia de la vida privada*. 5 vols. Madri: Taurus, 1989.

BLUCHE, François. *La vie quotidienne au temps de Louis XVI*. Paris: Hachette, 1980.

ESPINA, Antonio. *Voltaire y el siglo XVIII*. Madri: Júcar, 1975.

FLACELIÈRE, Robert. *La vida cotidiana en Grecia*. Madri: Temas de hoy, 1989.

SARTI, Raffaella. *Vida en familia (casa, comida y vestido en la Europa moderna)*. Barcelona: Crítica, 2003.

ZELDI, Theodore. *Historia íntima de la humanidad*. Madri: Alianza, 1996.

ENSAIO FILOSÓFICO

BARTHES, Roland. *Sade, Fourier, Loyola*. Caracas: Monte Ávila, 1977.

BELTRÁN, Antonio. "Galileo, filósofo". Em *Los filósofos y sus filosofías*. Barcelona: Vicens Universidad, 1983.

FINK, Eugen. *La filosofía de Nietzsche*. Madri: Alianza Universidad, 1979.

GARCÍA, Francisco Giménez. *La cocina de los filósofos*. Madri: Ediciones Libertarias, 2002.

HENAFF, Marcel. *Sade, la invención del corpo libertino*. Barcelona: Destino, 1980.

LLEDÓ, Emilio. *La memoria del logos*. Madri: Taurus, 1996.

MANILA, Gabriel Janer. *L'educació de l'home que riu*. Barcelona: Alta fulla, 1991.

MARINA, José Antonio. *Teoría de la inteligencia creadora*. Barcelona: Anagrama, 1993.

ONFRAY, Michel. *El vientre de los filósofos*. Guipúzcoa (País Vasco): RyB, 1996.

PLANT, Sadie. *Escrito con drogas*. Barcelona: Destino, 2001.

RIBAS, Albert. *Biografía del vacío*. Barcelona: Destino, 1997.

RIGOTTI, Francesca. *Filosofía en la cocina*. Barcelona: Herder, 2001.

SAFRANSKI, Rüdiger. *Nietzsche (biografia de seu pensamiento)*. Barcelona: Tusquets, 2001.

PSICOLOGIA

CLAXTON, Guy. *Educando mentes curiosas*. Madri: Visor, 1994.

FLAVELL, John. *El desarrollo cognitivo*. Madri: Visor, 1993.

GARDNER, Howard. *Inteligencias múltiples*. Barcelona: Paidós, 1995.

_____. *La educación de la mente y el conocimento de las disciplinas*. Barcelona: Paidós, 2000.

_____. *La inteligencia reformulada: Las inteligencias múltiples en el siglo XXI*. Barcelona: Paidós, 2001.

MORIN, Edgar. *La mente bien ordenada*. Barcelona: Seix Barral, 2000.

_____. *Los siete saberes necesarios para la educación del futuro*. Barcelona: Seix Barral, 2001.

NIKERSON, R. S.; PERKINS, D. N.; SMITH, E. E. *Enseñar a pensar*. Barcelona: Paidós, 1987.

Referências bibliográficas fundamentais   223